Stefan Steinhoff • going tax!

Zum Buch:

Das vorliegende Buch ist zwischen März 2006 und März 2008 als Tagebuch entstanden und beinhaltet die ganz persönliche Geschichte des Autors rund um sein Steuerberaterexamen 2007/2008. Das Anliegen, seine Geschichte zu erzählen, begründet sich in der Hoffnung, anderen Kandidaten Mut zu machen, ihnen aber auch die Augen für die bevorstehende Herausforderung zu öffnen: Dieses Examen ist nicht leicht!

Es gibt keine allgemeingültigen Regeln, um das Steuerberaterexamen zu bestehen. Aber es gibt Dinge, die sich Jahr für Jahr wiederholen und die man einplanen kann, wenn man sie kennt. Bleiben Sie tapfer! Sie sind nicht allein.

Kapitel I spiegelt die Gedanken des Autors wider, die er sich über die Teilnahme und die spätere Herangehensweise an das Examen gemacht hat.

Im **Kapitel II** finden Sie sein Tagebuch, das während eines halbjährigen Wochenendkurses, der Bestandteil seiner Examensvorbereitung war, entstanden ist. Dort beschreibt er die nervliche Achterbahn, die eine solche Prüfungsvorbereitung während der Doppelbelastung Beruf und allabendlichem Lernen mit sich bringt.

Kapitel III fasst das Wesentliche der fachlichen Vorbereitung während des Blockunterrichts und des Klausurenintensivkurses zusammen, in **Kapitel IV** wird von den Erlebnissen der Prüfungstage des schriftlichen Examens erzählt.

In **Kapitel V** erfahren Sie, wie sich der Autor nach Bekanntgabe der schriftlichen Noten auf das mündliche Examen vorbereitet hat und wie dieses abgelaufen ist. Schließlich hat er seine Eindrücke gesammelt und in **Kapitel VI** zusammengefasst.

www.nwb.de

Stefan Steinhoff

going tax!

Tagebuch einer Vorbereitung auf das Steuerberaterexamen

nwb

ISBN 978-3-482-**59971**-2

Druck: Kessler Druck + Medien GmbH & Co. KG, Bobingen

Vorwort

Vielleicht kennen Sie folgenden Comic: Ein Mann und eine Frau sitzen in Gedanken versunken in ihrem Wohnzimmer, beide vertieft über einen Stapel Bücher. Die Frau, beschäftigt mit Beziehungsratgebern, fragt ihren Mann, ob es eigentlich etwas Komplizierteres gäbe als die Beziehung zwischen Mann und Frau. Der Mann, vertieft in steuerliche Fachliteratur, antwortet trocken und knapp: „Die Steuererklärung."

Wir fragen unsere Mandanten oft danach, was an diesem Comic nicht stimmt. Die Antwort ist überraschend eindeutig: „Die Frau kümmert sich nicht nur um die Beziehungsprobleme einer Partnerschaft, sondern auch um deren Steuererklärung."

Dass sich in der Mehrzahl der Fälle tatsächlich die Frauen um die Steuererklärung kümmern, ist nach unserer Erfahrung zwar richtig, aber darauf wollten wir nicht hinaus. Eine Beziehung ist (zumindest aus Sicht des Steuerberaters) weitaus komplizierter als eine Steuererklärung. Die Mandanten sehen das naturgemäß jedoch völlig anders.

Eventuell haben Sie auch schon einmal davon gehört, dass 70 % der gesamten Weltliteratur über das Steuerrecht in deutscher Sprache geschrieben sein soll. Zwar wurde dieses Gerücht mittlerweile als falsch entlarvt: Die Quote liegt bei 10 – 20 %, was immer noch mehr als genug ist. Aber auch das spricht den meisten Steuerpflichtigen aus der Seele: Das deutsche Steuerrecht gilt als kompliziert, bürokratisch und aufgebläht. Der „einfache Bürger" fühlt sich im deutschen Steuerrecht völlig überfordert.

In unseren Kanzleiräumen hängt zum einen der oben erwähnte Comic im Eingangsbereich. Zum anderen findet auch immer wieder das Gerücht über die Steuerliteratur Eingang in die Beratungsgespräche mit unseren Mandanten. Was wir dann als Reaktion von diesen erfahren, ist eigentlich immer das Gleiche: große Augen, aber zustimmendes Nicken.

Was ich daraufhin persönlich gerne tue, ist Folgendes: Ich erzähle einfach weiter. Bereits im Jahre 1993 schrieb beispielweise Prof. Dr. Klaus Tipke, dass „kein Steuerberater, kein Rechtsanwalt, kein Steuerbeamter, kein Steuerrichter, auch kein Steuerprofessor in der Lage ist, das ganze Steuerrecht bis ins letzte Detail zu überblicken."[1]

Auch zehn Jahre nach diesem Zitat hatte sich trotz aller anderslautenden Versprechungen nichts an diesem Zustand geändert. Im Jahre 2003 wurde das deutsche Steuersystem in einer Studie mit 102 weiteren Steuersystemen aus der ganzen Welt durch das World Economic Forum 2003 unter die Lupe genommen. Damals wurden Punkte auf einer Skala zwischen eins und sieben vergeben, wobei ein Punkt für ein hochkomplexes und entscheidungsverzerrendes Bild stand und sieben Punkte für ein einfaches und transparentes Steuersystem.

Sieger waren damals Hongkong (1. Platz, 6,3 Punkte), Singapur (2. Platz, 5,8 Punkte) und Botswana (3. Platz, 5,4 Punkte). Deutschland erhielt 1,5 Punkte und belegte in dieser Statistik den letzten Platz. Abgeschlagen hinter Ländern wie dem Tschad, Äthiopien, Tansania, Mali, Simbabwe, Malawi und Ghana.

Ich weiß nicht, welchem Umstand Sie es zu verdanken haben, dass Sie in der Steuerberatung gelandet sind und nun mit dem Gedanken spielen, eine der anspruchvollsten Prüfungen in Deutschland über eines der anspruchvollsten Konstrukte dieser Welt zu schreiben. Ich weiß nur eines: Überlegen Sie sich gut, was Sie da tun.

Meine Entscheidung, das Steuerberaterexamen zu absolvieren, fiel nach einem über mehrere Jahre andauernden Prozess im Jahr 2006. Sie hatte ihren Ursprung in einer sehr verlockenden Note in einer schwierigen Klausur während meines BWL-Grundstudiums, und fiel während einer Phase der Unzufriedenheit mit den zu verrichtenden Tätigkeiten an meinem damaligen Arbeitsplatz.

---

[1] Vgl. Tipke, in: Die Steuerrechtsordnung, 1993, S. 1362

Als ich mich für das Examen angemeldet habe, war ich mir lediglich bei einer Sache wirklich sicher: Auch diese Prüfung wird nur vor dem Bestehen schwierig sein. Wenn ich sie erst einmal bestanden habe, werde ich sie als etwas völlig Selbstverständliches betrachten. Nun ja, mittlerweile sehe ich das ein wenig anders.

Wenn man sich im Laufe seines beruflichen Schaffens mit Berufskollegen oder Freunden unterhält, so hat jeder seine ganz persönliche Geschichte darüber zu erzählen, wie, wo, wann, und unter welchen Umständen er sein Examen bestanden hat oder auch nicht. Diese Prüfung wirkt lange nach.

Was uns alle verbindet, ist die Gewissheit darüber, an einem der schwierigsten Prüfungen in Deutschland teilgenommen zu haben. Und trotz der vielen, unterschiedlichen Geschichten ist es erstaunlicherweise so, dass die meisten Kandidaten immer mit den gleichen Problemen zu kämpfen haben. Welche das sein können, erfahren Sie auf den nächsten Seiten. Die Erzählung meines Weges soll Ihnen im Vorfeld klar machen, was dieser Entschluss bedeutet.

Stellen Sie sich darauf ein, dass das Steuerberaterexamen Ihnen alles abverlangen wird. Die meisten von Ihnen werden nicht um die Erfahrung herumkommen, dass die Vorbereitung hierzu ein unvermeidbares Lebensgefühl mit sich bringen wird: das Gefühl, verrückt zu werden. In der englischen Sprache nennt man diesen Zustand *going crazy*. Während meiner Vorbereitung auf das Examen empfand ich meine Stimmungslage durch dieses Vokabular jedoch nicht immer ausreichend gewürdigt. Durch das deutsche Steuerrecht wähnte ich mich immer noch ein Stückchen näher am Wahnsinn. Ich empfand es nicht als *going crazy*, ich empfand es als **going tax**!

Stefan Steinhoff | Im Oktober 2009

Meinem Großvater

Hans Helfrich
† 15. 10. 2007

Vier Tage nach dem schriftlichen Examen

Wie viel Glück man wirklich hatte,
weiß man erst,
wenn alles vorbei ist.

Teil I – Vor dem Examen

Ein missglückter Start

Angefangen hat alles im ersten Semester meines Studiums der Betriebswirtschaftslehre an der Hochschule Merseburg (FH). Hörsaal 2, zweiter Studientag, Vorlesung Einkommensteuer. Damals wusste ich von Steuern kurz und knapp: nichts.

Der Hörsaal bot Platz für 150 Studenten und war sehr gut besucht. Die ausklappbaren Tische waren allesamt aus Holz und nicht mehr im besten Zustand. Generationen vor mir hatten sich hier verewigt und ihre ewige Liebe zum FC Bayern München, Hansa Rostock oder eben auch Mandy, Susanne oder Maike geschworen.

Zu Beginn der Vorlesung verteilte der Professor Zettel, die allmählich durch die Reihen wanderten: „Das Besuchen der Vorlesung Einkommensteuer und das Schreiben der Klausur Einkommensteuer/Umsatzsteuer ist nur sinnvoll, wenn Sie die jeweiligen Kapitel in meinem Buch vor- und nachbereiten."

Auf dem Blatt folgte in Tabellenform eine Auflistung der relevanten Kapitel und Seiten aus dem Buch des Professors mit Auslassen der unwesentlichen Kapitel, ohne dass sich jedoch die Gesamtseitenzahl von 565 Seiten merklich verringerte. Weiterhin stand da Folgendes:

„Sie benötigen die einschlägigen Gesetze und Richtlinien, des Weiteren ist der Besuch der Übungsveranstaltung „Einkommensteuer" unerlässlich."

Kleine Falten bildeten sich auf meiner Stirn und die aufkommenden Zweifel löschten rasch das emotionale Feuerwerk, das sich noch wenige Stunden vorher anlässlich des beginnenden Studiums und damit dem besten Abschnitts meines bisherigen Lebens in meinem Kopf bunt und voller Vorfreude abgespielt hatte.

Nach nochmaligem Lesen dieses Unheil ankündigenden Zettels gewann ich den Eindruck, dass der Professor uns etwas vermitteln wollte, das mit dem Studentenleben, welches ich mir und die überwiegende Mehrzahl der hier anwesenden Studenten sich wünschten, nicht in Übereinstimmung zu bringen sei.

Ich fing an, mich in den Bankreihen umzuhören und schnell stellte sich heraus, dass nicht alle, die mit mir hier saßen, auch tatsächlich im ersten Semester waren. Viele kamen aus dem zweiten, dem dritten oder gar dem vierten Semester.

Die Frage nach dem „Warum?" beantworte der Professor höchstpersönlich. Ein Mann mit Kinn- und Schnauzbart, geschätzte 1,75 m groß, ca. 60 Jahre, dünn gebaut, aus München, Bayern:

„Nun, meine Damen und Herren, wenn ich so die Klausuren aus dem letzten Semester betrachte, und sehen muss, was da manche für einen Mist zusammenschreiben, dann ärgert mich das. Und, nur um es noch einmal zu betonen: Das ärgert mich richtig!"

Schon die Art und Weise, wie er die Worte „Meine Damen und Herren" aussprach, ließ ein ungutes Gefühl in mir aufkommen. Sein Akzent war nicht wirklich bayrisch, aber ein kleiner Unterton schwang durchaus mit. Er stand vorne rechts, vor ihm ein Pult, neben ihm ein Overhead-Projektor. Bis zu dem Wort „ärgert" lehnte er mit beiden Ellenbogen auf dem Pult nach vorne gebeugt und starrte in den Hörsaal.

Danach stand er aufrecht vor dem Pult und hielt sich mit beiden Händen steif an diesem fest. Sein Ausdruck schwang um von einem einführenden, ruhigen Sprachstil hin zu einem zornigen, wütenden Ton.

„Wenn da 60 % durchfallen, sieht das auch für mich bescheuert aus! Da werden Klausuren von Leuten geschrieben, die ich vorher noch nie gesehen habe! Die können nicht mal Einnahmen von Einkünften unterscheiden."

Was bitte ist denn da der Unterschied?

„Die besuchen nicht meine Vorlesung, die gehen nicht in die Übungen, und wundern sich, wenn sie durchfallen?! Ja, wie wollen Sie die Klausur denn sonst bestehen, meine Damen und Herren? Ich kann Ihnen nur eines empfehlen: Nehmen Sie diese Veranstaltung hier ernst. Das deutsche Steuerrecht ist so komplex, so undurchschaubar, dass ein, zwei kleine Leseeinheiten sicherlich nicht ausreichen werden, um diese Klausur zu bestehen!"

Es folgte eine kleine Pause, in der sich seine Haltung wieder leicht entspannte, ohne jedoch die Sprache der Drohung zu verlieren. Er machte seinem Ärger über die letzte Klausur weiter Luft und es schien, als ob das nicht nur bei dieser Klausur so war, sondern auch in der letzten und allen anderen davor.

Aus heutiger Sicht bin ich mir sicher, dass der Professor eigentlich etwas Ehrwürdiges vorhatte. Er versuchte lediglich, uns zu warnen. Er warnte uns davor, das Steuerrecht auf die leichte Schulter zu nehmen, nichts für die Klausur zu tun und erst ein, zwei Tage vorher mit dem Lernen anzufangen.

Ich bezog das damals nur auf diese eine Klausur. Hält man sich jedoch die durchschnittlichen Noten der Steuerberaterklausuren der letzten Jahre vor Augen, kommt man nur zu einem Schluss: Ich hatte ihn noch nicht vollständig verstanden.

Musik, Fanatismus und das Examen

Vielleicht sollte ich mich erstmal vorstellen: Mein Name ist Stefan Steinhoff, geboren am 26. 6. 1980, aufgewachsen im südhessischen Einhausen und Sohn eines zweifachen Dipl.-Ing. und selbständigen Programmierers mit leichtem Hang zu klassischer Musik und guten Weinen. Sohn einer Einzelhandelskauffrau, deren Vater Bäcker und später stolzer Eigentümer eines Lebensmittelmarktes war, in Zeiten, in denen Discounter mit ihren Großsortimenten diese Erfolgsgeschichten noch nicht zu verhindern wussten.

Bislang bestand mein Leben aus 14 Jahren Schule, einem Jahr Zivildienst, einem dreimonatigen Aushilfsjob am Fließband einer Großbäckerei, vier Jahren BWL-Studium in Merseburg und einem Jahr Berufserfahrung.

In meinem Leben vor dem Studium nahmen nicht die Schule, Bildung oder gar das Steuerrecht den wichtigsten Platz ein, es waren meine Leidenschaften für zwei völlig andere Dinge: Erstens galt die komplette Aufmerksamkeit in meiner frühen Jugend der Technomusik und dem aus dieser Leidenschaft heraus betriebenen Tonstudio im Keller eines ehemaligen Güterbahnhofs in Bensheim. Dort produzierten wir elektronische Musik, veranstalten Partys, tranken Bier und andere Dinge. Und wenn das, wie so oft, zu langweilig wurde, kam Leidenschaft Nr. 2 ins Spiel: Der Fußball.

Ab meiner späten Jugend verschenkte ich mein Herz an eine Dame, die ich doch nie gewinnen konnte: Eintracht Frankfurt, die launische Diva vom Main. Gepeinigt von dem Gefühl, dass ich nach dem Kauf meiner ersten Dauerkarte im Jahre 1996 nicht die freudenreichen Exzesse und Jubel-Arien einer ruhmreichen Meisterschaft erlebte, sondern die Qualen und bitteren Tränen des ersten Abstiegs eines Bundesligagründungsmitglieds mit erleiden musste, war ich danach wie besessen davon, die Spiele live im heimischen Stadion und den anderen Arenen dieser Republik mitzuerleben. Und um dabei eines von vornherein klar zu stellen: Leidenschaft drückte sich bei mir nicht dadurch aus, alle Schaltjahre mal ins Stadion zu gehen oder ab und zu Hattrick oder die Sportschau mit Monica Lierhaus als Hauptattraktion im Fernsehen anzuschauen. Erst wenn man elf Stunden mit einem Bus von Frankfurt nach Rostock fährt, in dem es

1. viel zu laut ist,
2. um 5.00 Uhr morgens bereits los geht und
3. die Sicht nach vorne von Nebelschwaden verhindert wird,

ahnt man, was ich mit Leidenschaft meine.

Man kommt zehn Minuten vor Spielbeginn am Stadion an, sieht das schlechteste Spiel der Saison, einen verschossenen Elfmeter und eine Niederlage gegen einen Mitabstiegskonkurrenten. Man verbringt weitere neun Stunden eines wertvollen Wochenendes mit den vorgenannten Punkten, nur dass nicht Abfahrt, sondern Ankunft zu Hause um 5.00 Uhr morgens sein wird. Nur, wenn man so etwas schon einmal erlebt hat und es immer wieder tun würde, erst dann weiß man, was Leidenschaft bedeutet und was diese aus einem macht.

Während meiner Zeit auf dem Alten Kurfürstlichen Gymnasium in Bensheim ereichte die Beziehung zwischen mir und meinem Verein seinen ersten Höhepunkt, zeigte sich doch eine gewisse Verbundenheit zwischen meinen schulischen und den sportlichen Leistungen meines Klubs. Die Eintracht stieg ab und ich gleich mit. Ich wiederholte die zehnte Klasse.

Freunde bezeichneten mich damals als verdammt solidarisch, meine Eltern hingegen hielten mich einfach nur für verrückt. Wäre es nach ihnen gegangen, hätte es nie eine Dauerkarte gegeben.

Wie ich später während einer Art Ursachenforschung herausfinden sollte, gab es wohl einen Zusammenhang zwischen den Trauerphasen nach verlorenen Spielen, die von Sonntag bis Mittwoch meinen schulischen Alltag überschatteten, und den schlechten Leistungen auf der Schulbank. Weiterhin stellte ich fest, dass ich auch in der Zeit von Donnerstag bis Samstag meine Konzentration nicht auf die Schule richten konnte, musste ich mich doch mental aufs nächste Spiel vorbereiten.

Meine Schleife in der zehnten Klasse kam mir eigentlich sogar ganz recht. Erstens gab es Schlimmeres, als neue Leute kennen zu lernen, von nun an bessere Noten zu schreiben und weiter wie gewohnt zum Fußball zu gehen. Und zweitens bescherte sie mir eine zweite Zehner-Abschlussfahrt.

Okay, das mit den guten Noten war gelogen, bis zum Abitur sollte ich es nicht schaffen, meinen Schnitt über die Note 3,0 zu heben, aber zumindest für ein Jahr sollte ich es schaffen, keine Fünf mehr zu schreiben.

Mein schlechtes Abitur hinderte mich jedoch nicht daran, mich nur an Fachhochschulen zu bewerben, die in den damaligen Empfehlungen von Spiegel oder Stern ganz oben standen. Immerhin konnte ich einen, zumindest in Baden-Württemberg anerkannten Studiengangtauglichkeitstest vorweisen, der mich für ein betriebswirtschaftliches Studium als „gut" geeignet hielt.

Beeindruckt hat dieses Faktum allerdings keine einzige Hochschule. Allein mein Notenschnitt verwehrte mir den Zugang zu all den Hochschulen, an denen ich mich beworben hatte. Bis auf eine: Merseburg im Osten Deutschlands. Und da die Devise meines Vaters schon immer „Studiert wird auswärts!" war, stand einem gemeinsan Lebensabschnitt zwischen Stefan Steinhoff und Sachsen-Anhalt von nun an nichts mehr im Wege.

Im Unterschied zu meinen schulischen Leistungen sollte ich jedoch während meines Studiums nicht einmal eine Klausur schreiben, die schlechter benotet wurde als 4,0. Das lag vor allen Dingen an neu entdeckten Lebenseinstellungen wie Neugier und Ehrgeiz in Bezug auf Dinge, die nichts mit meiner Freizeit zu tun hatten. Gerade die steuerlichen und juristischen Fächer ließen mich zum ersten Mal in meinem Leben Spaß an einer Wissenserarbeitung und am Schreiben guter Noten spüren. Und daran konnte nicht einmal die Einführungsveranstaltung zum Fach Einkommensteuer etwas ändern.

Zu groß war der Wille, etwas aus dieser Chance zu machen und mit allen zur Verfügung stehenden Mitteln das schlechte Abitur auszubessern. So wurde es beispielsweise für mich zur normalsten Sache der Welt, den kompletten Samstag dem Studium zu opfern, Bücher zu lesen und Klausuren vorhergehender Jahrgänge zu schreiben. Ich trat dem Fachschaftsrat bei, engagierte mich für die Interessen der Studierenden und lernte für die Klausuren zeitweise Tag und Nacht.

Empfand ich es früher als Kompliment, von den Leuten als bekloppter Fußballfan oder Musikstudiobesitzer verschrien zu sein, wollte ich im Rahmen des Studiums durch gute Leistungen überzeugen.

Mein Studienabschluss sollte mir abschließend auch zeigen, dass ich nicht alles falsch gemacht haben konnte. An Stelle der 3,0 stand auf dem Diplomzeugnis eine 1,7. Und auch ein auf mich wartender Arbeitsplatz in der Kanzlei, in der ich während meines kompletten Studiums die Semesterferien verbrachte, fühlte sich wie eine Belohnung für meine Bemühungen an.

Für meine Vorbereitung zum Steuerberaterexamen konnte ich aus meiner Vorgeschichte daher nur einen Schluss ziehen: Nur wenn ich es schaffe, meine Leidenschaft für Dinge wie Fußball oder Musik auch auf dieses Examen zu übertragen, werde ich es bestehen!

Zugegebenermaßen hatte ich zu Beginn des Examens noch keine Ahnung, wie mir das gelingen sollte. Schließlich ist es durchaus schwierig, das Herzrasen und Durchdrehen, den Angstschweiß und die Euphorie aus dem Stadion auf die Schulbank und den Paragrafen-Dschungel des deutschen Steuerrechts zu übertragen. Ich glaubte auch nicht daran, dass ich dasitzen werde und das Umwandlungssteuerrecht voller Hingabe anfeuern und jedes Mal beim Einlaufen des Dozenten „You`ll never walk alone" anstimmen werde.

Was ich allerdings tun konnte, war, mir innerlich eine Vorfreude auf die Zeit des Lernens und vor allen Dingen auf die Zeit nach dem Examen zu schaffen und es als absolut einmalige Chance anzusehen, bei einer der schwierigsten Prüfungen Deutschlands dabei gewesen zu sein und diese evtl. sogar zu bestehen.

Nur werde ich nicht beten, dass mein Team auswärts ein Unentschieden über die Zeit rettet, sondern dass meine körperliche und mentale Kraft ausreicht, die Vorbereitungs- und Prüfungszeit schadlos und ohne „verdammt solidarische" Wiederholung zu überstehen.

Als Motivation kann dabei eigentlich nur eines zählen: Genauso wie ich will, dass Leute über mich sagen, dass ich ein völlig bescheuerter Fußballfan bin, will ich auch, dass genau dieselben Leute sagen, dass ich zu denjenigen gehöre, die das Steuerberaterexamen im ersten Anlauf bestanden haben. Ähnlich der wahren Liebe zu einem Fußballklub gibt es auch für dieses Examen nur einen Weg:

Ganz oder gar nicht!

Der Entschluss

Im Gegensatz zu Personen, die schon immer wussten, was sie wollen, fasste ich den Entschluss, mich für dieses Examen anzumelden, nicht besonders schnell. Ich fasste ihn im Laufe meines kompletten Studiums bis hin zum heutigen Tage im März des Jahres 2006. Und das sind immerhin knapp fünf Jahre.

Schon während des Grund- und Hauptstudiums befasste ich mich zwar schwerpunktmäßig mit dem deutschen Steuerrecht, die Frage aber, ob ich Steuerberater werden wollte, konnte ich nie mit einem schnellen „Ja!" beantworten. Zu hoch erschienen mir die Hürden und zu trocken die Materie. Nach dem Platzen der üblichen Kindheitsträume wie Pilot oder Musikmanager empfand ich besonders im Studium die Unternehmensberatung als den am besten für mich geeigneten Beruf. Hier sah ich meine Interessen für betriebswirtschaftliche, juristische und steuerrechtliche Probleme in ihrer Gesamtheit ideal aufgehoben. Natürlich ließ ich mich in einschlägigen Situationen zu einem „Na klar will ich Steuerberater werden!" hinreißen, nur glauben konnte ich mir das damals selbst nicht so richtig. Die Wahl des Schwerpunktes Bilanzen/Steuern/Wirtschaftsrecht sah ich zur damaligen Zeit daher auch nicht als Grundlage für einen späteren Beruf als Steuerberater, sondern lediglich als die Wahl meiner Lieblingsfächer. Letztlich kann ich es sogar am Stolz über eine einzige Note im Grundstudium festmachen, warum ich mich für diesen Schwerpunkt entschieden hatte: In der Klausur zu den Fächern Einkommensteuer und Umsatzsteuer schrieb ich eine 1,0. Für mich und mein Umfeld war das damals aufgrund meiner Vergangenheit eine kleine Sensation. Auch die Einführungsveranstaltung zum Fach Einkommensteuer ließ ein solches Ergebnis wahrlich nicht erwarten.

Kommentare wie „Wie kann man nur Steuern als Schwerpunkt wählen?" oder „Mach es dir doch nicht so schwer!", die von Kommilitonen am laufenden Band kamen, spornten mich später eher an, als dass sie mich abschrecken konnten. Ich empfand das ganze

Gerede nicht als nervend, sondern vielmehr als eine Art Kompliment. Das Kopfschütteln meiner Freunde in Bezug auf meine Schwerpunktwahl schmeichelte mir ungemein.

Auch nach Beendigung des Studiums wollte ich mir mit Blick auf die neu gewonnene Lebensqualität eine Lernauszeit nehmen und schwor, mir in naher Zukunft kein weiteres Studium, Examen oder irgendeine andere Prüfung aus freien Stücken aufzubürden. Und schon gar nicht eine, für die man jahrelang lernen musste. Zu verlockend waren der erste Job und das erste große Geld!

Steuerberaterexamen im direkten Anschluss ans Studium?

Nein, danke!

Doch wie so oft im Leben: Erstens kommt es anders, und zweitens als man denkt! Es sollte keine zwölf Monate dauern, in denen sich auch für mich wieder eine neue Situation ergeben sollte. Unzufrieden mit dem Gehalt, das eher einem Ausbildungsgehalt und nicht den Anforderungen eines frisch von der Hochschule kommenden und hoch motivierten Akademikers entsprach, und den zu verrichtenden Tätigkeiten sowie gedrängt vom eigenen Ego und dem Wunsch nach Selbstverwirklichung, musste ich mir schon bald zwei entscheidende Fragen stellen:

Mach ich`s oder mach ich`s nicht?

Packst du`s oder packst du`s nicht?

Dieser Zeitpunkt kam schneller, als ich mir das wünschen konnte, denn zu diesem Zeitpunkt fasste auch Julian, einer meiner Arbeitskollegen, den Entschluss, das Examen zu bestreiten. Die Unterschiede dieser beiden Entschlüsse hätten allerdings nicht größer sein können. Und das lag nicht nur daran, dass unser gemeinsamer Chef ihm eine Chance von „mindestens 70 %" attestierte und mir im gleichen Atemzug „maximal 50 %" zugestand. Julian war schon wesentlich länger in der Steuerbranche tätig als ich. Er hatte neben einer klassischen Ausbildung zum Steuerfachangestellten auch ein Steuerstudium an der Fachhochschule Worms absolviert.

Allein durch seine theoretische Vorbildung besaß er also von vornherein die besseren Karten. Seine größere Erfahrung in der

Praxis war ein weiteres Argument, das für ihn sprach. Ihm wurden im Büroalltag konsequenterweise daher wesentlich verantwortungsvollere Aufgaben aufgetragen als mir. Und seine Meinung fiel auch bei unseren gemeinsamen Vorgesetzten wesentlich stärker ins Gewicht, während ich mehr oder minder eine Art Azubi mit Studienabschluss war.

Dabei musste ich mir natürlich eingestehen, dass ich in dieser Kanzlei bei Null angefangen hatte und so in den Augen der Vorgesetzten im ersten Jahr nach Beendigung meines Studiums noch immer mehr Praktikant als Mitarbeiter war. Während der ersten Semesterferien meines Studiums absolvierte ich in diesem Unternehmen ein Pflichtpraktikum, und neben meinen Fähigkeiten, geschickt mit Excel und Word umgehen zu können, kam zu Beginn meiner Tätigkeiten dort allenfalls meine freundliche Art sowie mein Arbeitseinsatz gut an.

Die Tatsache, dass man mir jedoch wesentlich schlechtere Chancen zugestand als ihm, wollte mir aber überhaupt nicht schmecken. Natürlich war dies ein großer Ansporn, es allen zu zeigen, aber viel schwerwiegender war, dass ich mich durch solche Aussagen in die zweite Reihe zurückversetzt sah. Ich fühlte mich unterschätzt. Nicht gleich beim ersten Kommentar, doch jede Wiederholung sollte diesen Stachel ein wenig tiefer bohren.

Maximal 50 %!

Natürlich war die Chanceneinschätzung von außen betrachtet zu diesem Zeitpunkt völlig korrekt, aber wer gesteht sich so etwas schon gerne ein? Ich mir nicht. Ganz nüchtern betrachtet gab es für mich nur eine Möglichkeit. Und diese bestand aus einem schriftlichen und einem mündlichen Examensteil.

Immerhin sollte ich in der Kanzlei relativ schnell meine Stärke ausspielen können, zu wirklich jedem Anlass und für jede Person auf die Schnelle ein paar warme Worte zu finden. So wurde beispielsweise die Mitarbeiter-Laudatio zum 50. Geburtstag unseres Chefs oder der Verabschiedung einer langjährigen Mitarbeiterin in den Ruhestand von dem Mitarbeiter gehalten, der bis dato die kürzeste Zeit in dieser Kanzlei verbrachte: von mir.

Aber was war die Reaktion des völlig verdutzten Chefs nach meiner Geburtstagsrede? Diese als Kompliment und eigentlich nett gemeinte Reaktion sollte mitten ins Schwarze treffen und nicht nur mir lange, lange in Erinnerung bleiben:

„Fachlich noch nicht ganz auf der Höhe, aber schwätzen kann er!“

Danke, das habe ich gebraucht!

Frage eins wurde also viel zu schnell mit „Ja“ beantwortet. Frage zwei sollte aber noch lange ein gewisses Flattern in meinem Bauch verursachen, denn beim Betrachten des langjährigen Mittels bei den Durchfallquoten erkannte ich relativ schnell:

50 % packen es und 50 % packen es nicht! Und diese 50 % beziehen sich nur auf die Prüflinge, die am Ende des dritten Tages auch tatsächlich ihre dritte Klausur in die Hände einer Aufsichtsperson geben. Die Dunkelziffer derjenigen, die scheitern, ist also weitaus höher.

Ich will ganz ehrlich sein: Ich bin ein Mensch, der besser grübeln als abschalten kann. Und wenn eine nachhaltige Entscheidung ansteht oder für mich getroffen werden muss, macht sich das bei mir besonders durch schlaflose Nächte bemerkbar. Nächte, in denen das Gedankenkarussell in meinem Kopf den wohltuenden Schlaf verhindert, in denen ich mich von links nach rechts wälze, neidisch und frustriert meine Freundin Lysann ob ihres Schlafes bewundere und meine Augen die rot schimmernde Uhrzeitanzeige meines Radioweckers wieder einmal anfangen zu hassen.

Frage zwei sollte meinen Schlaf demnach noch eine Weile beeinflussen. Diese Prüfung löste in Gestalt ihrer Durchfallquoten Ängste in mir aus. Aber, und das stellte sich in vielen Gesprächen mit vielen weiteren Kandidaten heraus: Mit diesen Ängsten war ich nicht allein. Vielleicht kann man daher im Nachhinein sagen, dass der Entschluss für diesen Berufsstand schlicht und einfach lange reifen musste. Schließlich ist er eine Entscheidung, die für den weiteren Verlauf meines Lebens von entscheidender Bedeutung sein sollte. Und die Angst, die Hürde Steuerberaterexamen nicht zu meistern, ist nicht ganz unbegründet.

Meine Motivation

Ich habe weder eine Ausbildung als Steuerfachangestellter noch habe ich eine Ausbildung beim Finanzamt durchlaufen. Alles was ich bisher vorzuweisen habe, ist ein betriebswirtschaftliches Studium mit Schwerpunkt Steuern/Bilanzen/Wirtschaftsrecht im Hauptstudium sowie etwas mehr als einem Jahr tatsächlicher Berufserfahrung.

Das ist nicht viel, sollte bei einer gewissen Portion Ehrgeiz und Ausdauer aber ausreichen, um dieses Examen zu bestehen. Zwar will ich nicht wie Reinhold Messner 1980 als erster Mensch den Mount Everest alleine und ohne Sauerstoffgerät besteigen, aber die Steuerberaterprüfung wird unter diesen Voraussetzungen sicherlich eine Prüfung sein, die mir alles abverlangen wird.

Ich habe mich bei den Überlegungen, die dazu geführt haben, dieses Examen zu bestreiten, oft dabei ertappt, geradezu Spaß an diesem Gedanken zu finden. Die Frage, ob ich es schaffe oder nicht, ist schließlich auch eine Frage der Ehre. Und gerade weil es nicht alle schaffen, ist der Reiz, es mir und meiner Umgebung beweisen zu können, recht groß.

Mein Abitur hatte ich noch mangels fehlender Ernsthaftigkeit verhauen, mein Studium an einer Fachhochschule aber hatte ich unter Konzentration auf das Wesentliche gut gemeistert. Die Frage, wie es nun um die Bestehenswahrscheinlichkeit bei dem Examen bestellt ist, steht jedoch wieder auf einem anderen Blatt.

Die Mythen rund um dieses Examen sind zahlreich:

„Im ersten Anlauf schaffst du das nie!“

„Da fallen 70 % der Teilnehmer durch!“

„Ich kenne so viele, die das immer wollten, aber nicht geschafft haben.“

All diese Gerüchte lassen nur einen Schluss zu: Die Herausforderung ist sicherlich sehr hoch und dürfte unter den aktuellen Gegebenheiten für mich zu einer Grenzerfahrung werden. Aber Grenz-erfahrungen haben eben auch ihren besonderen Reiz:

Zunächst einmal bedeuten sie Konfrontation mit dem Ungewissen sowie das Erfahren der körperlichen und geistigen Grenzen seiner selbst. In dem Negativen steckt jedoch zugleich das Positive! Neben den Schattenseiten dieser Belastung steckt genau darin auch die einmalige Chance: Die Gewissheit, eine solche Herausforderung gemeistert zu haben, wird mein eigenes Selbstwertgefühl erheblich stärken.

Eine solche Erfahrung, die eigenen Ängste zu überwinden, ist mit das Beste, was man in seinem eigenen Leben erfahren kann. Selbstvertrauen und Selbstwertgefühl basieren oftmals nur auf solchen Erfahrungen. Das Gefühl, eine Angst überwunden zu haben, an deren Überwindung man wochen-, monate- oder gar jahrelang nicht geglaubt hat, ist eine innere Befreiung, von der man sehr lange zehrt.

Jedoch erfordert die Überwindung der eigenen Ängste seinen Tribut und ist freilich nicht leicht zu erfahren. Sie stellt sich als ein Kampf gegen sich selbst dar und zeichnet sich durch Hürden aus, die im Augeblick des inneren Konfliktes unüberwindbar erscheinen. Härte gegen sich selbst, Verzicht und allen voran Einsam- und somit ein Gefühl der Hilflosigkeit prägen diese Zeit.

Bei aller negativen Besetzung jedoch führt die Selbstüberwindung zu innerer Stärke und dem Willen, den man benötigt, um große Ziele zu erreichen. Sie ist hart zu erlernen, aber unersetzbar.

Motivator Nr. 1: Persönliche Herausforderung!

Dies ist mein Hauptgrund, der mich antreibt, nach so kurzer Zeit in diese Prüfung zu gehen. Ich will eine weitere Erfahrung in meinem Leben sammeln, die mich ein gehöriges Stück weiterbringen wird! Ich will mit dem Bestehen dieser Prüfung persönlich wachsen!

Zu schaffen, was andere nicht schaffen, ist ein reizvoller Gedanke. Und ich will natürlich auch, dass mein Arbeitgeber sieht: 50 % Chance waren für mich genug, um dieses Examen zu bestehen.

Natürlich habe ich dabei auch Angst, diese Prüfung nicht zu bestehen. Aber wenn nicht jeder von uns tief in seinem Inneren fest daran glauben würde, das Examen bestehen zu können, würde sich auch keiner zur Prüfung anmelden.

Wenn ich es nicht bestehe, hätte ich zwei komplette Jahre, viel Geld und noch mehr Nerven investiert, um am Ende doch mit leeren Händen dazustehen. Aber selbst wenn ich durchfallen sollte, könnte ich dieser Sache vielleicht sogar etwas Positives abgewinnen. Auch diese negative Erfahrung könnte mich prägen, wenn ich sie nicht zu nah an mich herankommen lasse oder mich von ihr (im negativen Sinne) beherrschen lasse. Den größten Siegen gehen bekanntlich die größten Niederlagen voraus. Nun ja, das ist ein schwacher Trost. Aber immerhin! Der größte Makel an einem zweiten Anlauf wäre aber eindeutig der verletzte Stolz.

„Durchzufallen ist doch wohl keine Schande!" Das sagen viele. Und zugegebenermaßen ist es bei den erwähnten Durchfallquoten auch wirklich keine Schande. Doch wer fällt schon gern durch eine Prüfung, auf die er sich lange und gewissenhaft vorbereitet hat?

Ich werde die mentale und körperliche Vorbereitung auf diese Prüfung folgerichtig sehr ernst nehmen. Ähnlich meiner ersten Dauerkarte und dem damals einsetzenden 100 %-Fokussieren auf eine einzige Sache, werde ich all meine Energie in diese Prüfung stecken! Nur wenn ich seelisch vorbereitet und körperlich fit bin, kann ich meine volle Leistungsfähigkeit abschöpfen.

Meinen Körper werde ich in dieser Zeit unter keinen Umständen vernachlässigen und sehr regelmäßig über Sport zu einem körperlichen Ausgleich kommen. Ich werde die Vorbereitung auf dieses Examen zu einer Frage des Willens und der Leidenschaft werden lassen und versuchen, die Spannung über den kompletten Vorbereitungszeitraum hoch zu halten, damit kein Bruch entsteht.

Vor dem Erfolg steht noch immer der Schweiß. Aber ich kann es schaffen. Daher kann der anstehende Lebensabschnitt auch nur unter einem Motto stehen: Ganz oder gar nicht!

Auch das Studium war eine Herausforderung, die man durch den nötigen Willenseinsatz problemlos meistern konnte. Das einzig Nervige daran war, dass die Wochenenden auf Dauer etwas eintönig gerieten. Die Bücher auf dem Tisch, Tag für Tag der gleiche Ablauf: Aufstehen, Frühstücken, 1. Lerneinheit, Pause. 2. Lerneinheit, Mittagessen, Pause. 3. Lerneinheit, Kaffee trinken, 4. Lerneinheit, Abendessen. Anschließend Abwasch, Fernsehschauen, einen Wein oder ein Bier trinken, entspannen, müde werden, schlafen. Und am nächsten Tag? Aufstehen, Frühstücken. 1. Lerneinheit, ...

Aber: Acht Klausuren innerhalb von drei Wochen, von denen mehrere über zwei Semester und somit mehrere Vorlesungen gingen, fordern nun mal ihren Tribut. Es gab deshalb nichts Sinnvolleres, als von Anfang am Ball zu bleiben und somit erst gar keine all zu große Wissenslücke entstehen zu lassen.

Okay, das bringt dir in Studentenclubs den Ruf des Strebers ein und bringt dich nicht immer in die Kreise, zu denen du augenblicklich gehören willst, aber wenn die Noten aushängen, bist du es, der voller Adrenalin über den Campus geht!

Motivator Nr. 2: Wissenszuwachs!

Dies ist meine zweitstärkste Motivation.

Wie in jeder Expertenbranche kann man auch im Steuerrecht nur bestehen, wenn man das nötige Wissen hat. Das Lernen in einem so geballten Umfang wird mich auf eine neue fachliche Basis katapultieren und mich einer verantwortungsvollen Aufgabe eindeutig ein großes Stück näher bringen. Auch das ist ein reizvoller Gedanke.

Das Gefühl, Fragen anderer sachlich und auf Anhieb richtig beantworten zu können, ist durch nichts zu ersetzen. Es stellt dich in der Kompetenz-Hierarchie über andere und sorgt für tiefe innere Zufriedenheit. Es gibt keine größere Scham, als sich mit dem Wissen eines Amateurs als Experte auszugeben und dabei erwischt zu werden. Und schließlich gilt es auch, meinem Chef zu beweisen, dass ich nicht nur „schwätzen“, sondern auch fachlich auf der Höhe sein kann.

Momentan sitze ich noch täglich in der Kanzlei vor meinem Rechner und bin froh, meine alltäglichen Praxisprobleme gelöst zu bekommen. Kaum habe ich den einen Themenkomplex durchdrungen, kommt die fünf Jahre jüngere Steuerfachangestellte mit einer Frage, die ich wieder nicht beantworten kann.

Warum will die das eigentlich wissen?

Und warum braucht die das?

Ist das vielleicht sogar wichtig, was die da erzählt?

Ich drücke es mal so aus: Das Gefühl, nicht mal die Fragen unserer Auszubildenden beantworten zu können, verschafft mir nicht gerade das Gefühl, extrem gut für das Examen vorbereitet zu sein.

Besonders deutlich wird dies, wenn ich Buchhaltungen bearbeite und an den Kleinigkeiten wie Steuerschlüssel oder den richtigen Konten scheitere. Auch wenn ich weiß, dass das nicht zu den Kernaufgaben eines Steuerberaters gehören wird: Ohne Grundzutaten wird dem besten Koch die Suppe nicht gelingen.

Als ich die erste GmbH zugeteilt bekam, zum ersten Mal Debitoren und Kreditoren gebucht und einen Kontoauszugsmanager genutzt habe, wurde ich verwundert angeschaut, als ich fragte, wie das gehen soll!

Kann es sein, dass in der Erwartungshaltung, die von Auszubildenden oder ausgebildeten Fachkräften an Studierte herangetragen werden, einige Punkte zu finden sind, über die wir mal dringend reden sollten? Nein, liebe Frau Auszubildende, manche Sachen kann ich auch!

Wenn ich ihr erkläre, dass das im Studium alles ganz anders war, lächelt sie nur leise in sich hinein. Es ist nur schade, dass es in der Praxis Standardfälle mit runden Zahlen nicht mehr gibt und die

Musterlösungen im zusätzlich zu erwerbenden Fachbuch auch nicht mehr gefragt sind.

Manchmal öffnet sich aber auch mir die Schlechtwetterfront für ein paar Augenblicke und Sonnenstrahlen dringen hindurch. Als ich kürzlich meinen Chef fragte, wie ich einen gewissen Sachverhalt einzubuchen habe, schaute der mich genauso fragend an, wie ich wenige Tage zuvor unsere Auszubildende. Vor meinem inneren Auge machte ich einen Kniefall, faltete meine Hände und blickte freudestrahlend gen Himmel. Ich danke dir für dieses Zeichen!

Motivator Nr. 3: Geld!

Sind wir mal ehrlich! Kein Mensch geht in diese Prüfung, ohne vorher Scheine in seinem Hinterkopf gezählt und auf viele kleine Häufchen nach Farben sortiert zu haben. Schafft man den Sprung in die Liga der Steuerberater, öffnen sich auch die Türen zu einem hohen Einkommen, einem größeren Auto und einem schicken Haus am Hang.

Glaubt man den Statistiken zu diesem Thema, hängt der Verdienst eines Steuerberaters von mehreren Faktoren ab: Zunächst einmal sollte man sich der Tatsache bewusst sein, dass das Gehalt primär davon abhängt, ob man für eine der „big four" (PWC, KPMG, Ernst & Young, Deloitte) arbeitet, oder ob man sich ein mittelständisches Beratungsunternehmen aussucht und in diesem seinen Weg geht.

Das Schaffen eines Bewusstseins für diese Frage wird auch gleichzeitig den Blick für die damit verbundenen Konsequenzen schärfen. Die Spitzengehälter von Partnern der big four sind verlockend, aber sind es auch die Arbeitsbedingungen? Stehen Macht, Geld und Karriere vor der Familie, Urlaub und Gesundheit? Der Hochschulabsolvent muss wissen, ob er der rastlose Fighter oder der nach Freizeit strebende Partner ist, der zwar Erfolg, aber auch Familienleben haben will.

Ein weiteres Kriterium dürfte die Berufserfahrung sein: Nach der Hochschulausbildung, zwei Jahren Praxis und einer bestandenen Prüfung ist man schließlich noch kein gestandener Berater, der sein Gehalt wert ist. An dieser Stelle erhebt sich vor meinem geistigen Auge der imaginäre Zeigefinger in Form der Auszubildenden, die mir wieder erklärt, dass meine Buchführung an mindestens sieben Stellen nicht wasserdicht ist.

Ich persönlich habe mich für ein mittelständisches Beratungsunternehmen entschieden. Dort sehe ich mein Leben zwar insgesamt mit weniger Einkommen ausgestattet, doch ein familiäreres Umfeld hat schließlich auch seinen Wert. Mittlerweile habe ich zudem erkannt, dass es für Menschen ohne große Steuerausbildung aus praktischer Sicht wesentlich sinnvoller ist, mit dem Berufsziel Steuerberater bei einem mittelständischen Unternehmen zu arbeiten. Dort bekommt man ein viel breiteres Spektrum an Problemen geboten als in der Fachabteilung einer großen Gesellschaft.

Motivator Nr. 4: Freiheit!

Mein Drang zur Selbstverwirklichung und zum Unternehmertum ist sehr stark ausgeprägt. Und der Beruf des Steuerberaters bietet hierzu wirklich alle Möglichkeiten, die ich brauche, um diesen Drang auch auszuleben.

Ähnlich wie mein Großvater will auch ich irgendwann mein eigener Chef sein und ein eigenes Unternehmen führen, um die Dinge so zu tun, wie ich sie für richtig halte. Niemand wird mich dann zu einer Arbeit zwingen können, die ich nicht verrichten will. Und wenn doch, weiß ich noch immer, für wen ich das alles mache: für mich selbst.

Es ist daher ein sehr wichtiger Motivationsbestandteil, dass sich mir mit dem bestandenen Examen sehr viele Türen öffnen werden, und ich als beruflicher Mensch in der Verrichtung meiner Tätigkeiten absolut frei bin.

Ich kann selbständig arbeiten, oder ich kann mich anstellen lassen. Ich kann richtig Geld verdienen, oder ich kann mich auf meine Familie besinnen. Ich kann dozieren, und ich kann Fachbücher schreiben. Ich kann den Titel wieder ablegen, in die Wirtschaft gehen, und ihn später wieder annehmen.

Sind das nicht rosige Aussichten? Ich finde, sie machen einen ernsthaften Versuch wirklich erstrebenswert.

Der Masterplan

Um das Projekt Steuerberaterprüfung zu bestehen, wird es extrem wichtig sein, dass ich mir einen Plan zurechtlege und daraus persönliche Konsequenzen ziehe. Dieses Vorhaben ist zu groß, um es ohne ein gesundes Konzept anzugehen. Entscheidend werden meine innere Einstellung sein oder Antworten auf Fragen, wie ich mich motiviere, und wie ich in dieser belastenden Zeit mit meinem Körper und meinem Geist umgehen werde.

Es sind mittlerweile noch 16 Monate bis zum schriftlichen Examen und meine Herangehensweise daran steht bereits fest. Meine tatsächliche fachliche Vorbereitung auf den schriftlichen Teil der Prüfung wird ziemlich exakt ein Jahr betragen, da ich mich für einen geteilten Vollzeitkurs entschieden habe.

In der ersten Vorbereitungshälfte werde ich einen Samstagskurs besuchen, der jeweils von 8.00 bis 16.00 Uhr in Frankfurt stattfinden wird. Neben der beruflichen Belastung wird das auf die Dauer zwar sicherlich anstrengend, aber der Samstagskurs soll auch dazu dienen, das komplette Wissen für das Examen nicht in einem einzigen Vollzeitkurs präsentiert zu bekommen. Davon erhoffe ich mir einen langsamen und beständigen Wissensaufbau. Laut meines Frankfurter Anbieters ersetzt mir der halbjährige Samstagskurs immerhin drei Wochen des Vollzeitkurses, und zwei Klausuren werden auch schon geschrieben.

Im Sommer nächsten Jahres werde ich in der zweiten Vorbereitungsphase einen elfwöchigen Vollzeitkurs besuchen, der montags bis samstags von 9.00 bis 13.00 Uhr stattfinden wird. An zwei Tagen in der Woche, dienstags und donnerstags, werden regelmäßig fünfstündige Probeklausuren geschrieben. Die sind zwar eine Stunde kürzer als die Examensklausuren, aber nach einem ganzen Vormittag Unterricht werden wir sicherlich auch nach fünfstündigen Klausuren genug für einen Tag gemacht haben.

Anschließend besuche ich einen dreiwöchigen Klausurenkurs, um noch einmal das unentwegt zu tun, was am wichtigsten werden dürfte: Klausuren schreiben. Zu guter Letzt werde ich nach dem schriftlichen Examen im Oktober einen weiteren zweiwöchigen Kurs zur Vorbereitung auf das mündliche Examen Ende Januar besuchen. Da ich alles auf diesen einen Versuch setze, habe ich mich getreu meinem Motto „Ganz oder gar nicht" schon jetzt zu allen Vorbereitungskursen, also auch zu denen für das mündliche Examen, angemeldet. Und dieser Weg ist nicht nur lang, sondern auch richtig teuer. Neben den vergleichsweise niedrigen Zulassungs- und Prüfungsgebühren schlagen vor allen Dingen die Lehrgangsgebühren des privaten Anbieters voll zu Buche:

	€
Antrag auf Zulassung	75,-
Prüfungsgebühr	500,-
Gesetze, Richtlinien, Erlasse sowie Ergänzungslieferungen	200,-
Literaturkosten	100,-
Büromaterialien	100,-
Samstagslehrgang	1.240,-
Verkürzter Vollzeitlehrgang	3.720,-
Vorbereitung mündliche Prüfung	1.000,-
Klausurentraining	1.340,-
Summe:	**8.275,-**

Wie die meisten anderen muss auch ich mir meine Abwesenheit im Büro aufgrund der Examensvorbereitung durch Überstunden und nichtgenommenen Urlaub selbst erarbeiten. In dieser anstrengenden Zeit auch noch seinen kompletten Urlaub zu opfern, macht die Sache garantiert nicht leichter.

Die Tatsache, dass mir mein Arbeitgeber die Lehrgangskosten als Gehaltserhöhung und Motivationsanreiz zahlen will, macht die Sache für mich zumindest aus monetärer Sicht einfacher. Zwar habe ich den Lehrgang durch Verzicht auf mehr Lohn dann auch mitbezahlt, aber was ein bestandenes Examen wirklich wert ist, dürfte wohl in Zahlen nicht auszudrücken sein.

Was ich weiter berücksichtigen muss, sind meine täglichen Fahrtkosten, weil ich nicht in Frankfurt, sondern rund 50 Kilometer südlich davon wohne. Und auch das ist gar nicht wenig:

	Tage		km		km
Samstagslehrgang	15	x	56,30	=	844,50
Verkürzter Vollzeitlehrgang	59	x	47,20	=	2.784,80
Klausurenintensivlehrgang	18	x	47,20	=	849,60
Schriftliche Prüfung	3	x	31,00	=	93,00
Mündliche Vorbereitung	10	x	47,20	=	472,00
Summe				**=**	**5.043,90**
	x 0,30 €/km x 2			=	**3.026,34 €**

Die Kosten von mindestens 11.300 € sind eindeutig ein weiteres Argument für mein Vorhaben, dieses Examen genau einmal bestreiten zu wollen. Das werden mir dann nicht nur die Nerven, sondern auch mein Geldbeutel danken.

Meine Lernstrategie für die erste und aufgrund der Doppelbelastung von Beruf und Vorbereitung sicherlich auch schwierigere Vorbereitungshälfte soll folgendermaßen aussehen: Ich gehe samstags zu den Lehrgängen, und sonntags werde ich anfangen, die Skripte nachzuarbeiten. Da ich wie jeder andere auch eine 40-Stunden-Woche im Büro zu erfüllen habe, werde ich unter der Woche an drei Abenden lernen. Montagabend gehört der Couch, dem Fernseher und vor allen Dingen meiner Freundin Lysann. Dienstags, mittwochs und donnerstags werde ich zwei Stunden am Abend in mein selbst geschaffenes kleines Steuerreich verschwinden: mein Arbeitszimmer in der heimischen Wohnung. Freitags wiederum soll Lysann und den gemeinsamen Besuchen unserer Tanzstunden gehören.

Wie sich der Sommer darstellen wird, kann ich momentan nur erahnen, ich befürchte aber, dass ich mich komplett auf das Steuerrecht konzentrieren werde und die gemeinsamen Stunden mit Lysann selten werden.

Meine Regeln

Mittlerweile ist es September und die Angst, dieses Examen nicht zu bestehen, beschäftigt mich zurzeit noch immer, und ein Blick in die Statistiken der letzten Jahre machte mir eben klar, dass diese Ängste nicht ganz unbegründet sind. Im Jahr 2002, der Statistik nach ein absolutes Horrorjahr, haben sich in Hessen 790 Personen zur Steuerberaterprüfung angemeldet, und rund 77 % haben diese auch abgelegt. Von den Personen, die das schriftliche Examen abgelegt haben, haben jedoch lediglich 36 % bestanden, das ist gerade mal ein Drittel. Zwei Drittel der Prüfungskandidaten haben den schriftlichen Teil nicht bestanden. Von denen, die sich insgesamt zur Prüfung angemeldet hatten, hat sogar nur jeder vierte bestanden.

Da ist es ein schwacher Trost, wenn man sieht, dass das glückliche Drittel das Schwierigste hinter sich hatte, denn gerade einmal acht Prozent scheiterten im mündlichen Teil des Examens. Die großen Anbieter von Vorbereitungskursen für das Examen schätzen den Lernumfang und die Menge des zum Bestehen der Steuerberaterprüfung notwendigen Wissens auf ein sechs- bis achtsemestriges Studium. Paradoxerweise gibt es aber bis heute, bis auf wenige Ausnahmen bspw. an der Fachhochschule Worms, keinen eigenen Studiengang, der sich ähnlich eines Jura-Studiums an den Anforderungen dieses Examens orientiert. Das muss man sich mal überlegen: Man arbeitet 40 Stunden die Woche, hat vor dem Examen vielleicht eine dreimonatige Vollzeitvorbereitung, aber einen Stoffumfang von mehreren Jahren Studium. Kein Wunder also, dass so viele Leute das Examen nicht bestehen. Der Umfang der Vorbereitung erklärt auch, warum das Ziel der meisten Prüflinge in diesem Examen nicht eine gute Note, sondern lediglich ein nicht zu knappes Bestehen ist.

Um zu verhindern, dass ich mir im Wissen um diese hohen Durchfallquoten mental ein Hintertürchen für Rückzieher oder einen Freischuss offen lasse, empfinde ich es als oberstes Gebot, diesen ersten Versuch auch gleichzeitig als meinen letzten zu betrachten:

Regel Nr. 1: Es gibt nur dieses eine Mal!

Abgeleitet aus meinem Motto „Ganz oder gar nicht“ will ich mich wirklich voll und ganz auf diese eine Sache konzentrieren. Zu verführerisch ist das Wissen um die hohen Durchfallquoten als ideale Ausrede gegenüber meinem eigenen Gewissen und als Begründung für ein Scheitern. Nur mit diesem Denkmuster werde ich bereit sein, auch wirklich alles zu geben. Mit dieser Regel will ich auch mental vor allen Dingen eines bezwecken: volle Kraft voraus!

Was bedeutet das Wissen um die hohen Durchfallquoten, die vielen Abbrecher und die schlechten Noten für mich und meine Situation im Oktober nächsten Jahres noch? Die kindliche Logik meiner zweiten Regel ist so lächerlich wie einleuchtend:

Regel Nr. 2: Ich gebe die geschriebene Prüfung ab!

Man kann es drehen und wenden, wie man will: Nur wenn man abgibt, kann man auch bestehen! Ich werde mein Wissen und durch regelmäßiges Vor- oder Nacharbeiten kontinuierlich aufbauen und lernen, das erarbeitete Wissen durch das Schreiben unsäglich vieler Übungsklausuren einzusetzen.

Was ich nicht beeinflussen kann, ist der Schwierigkeitsgrad der Klausur, oder die Antwort auf die Frage, ob das, was ich da schreibe, auch das ist, was die Punktetabelle letztendlich belohnt. Und ich werde beim Schreiben der Klausuren auch nie wissen, wie es den anderen Prüflingen geht.

Aber die Erkenntnis, dass es den anderen im Grunde genauso gehen muss wie mir, lässt mich Folgendes wissen: Wenn ich ein schlechtes Gefühl haben werde, werden es die anderen auch haben. Wenn ich trotz gewissenhafter Vorbereitung Probleme mit den Klausuren haben werde, werden es die anderen auch haben.

Und alle Teilnehmer werden nicht durchfallen.

Die Anstrengungen einer kontinuierlichen und gewissenhaften Vorbereitung werde ich auf Dauer nicht durchhalten, wenn ich sowohl meinem Körper als auch meinem Geist keinen echten Ausgleich bieten kann. Montagmorgens ins Büro zu gehen, mit Augen, die vor Lese- und Lernanstrengungen vom Wochenende noch tiefrot sind, ist für den Arbeitgeber, in erster Linie aber auch für mich, kein akzeptabler Zustand.

Auch werde ich sicherlich das Gefühl haben, ständig am körperlichen und geistigen Limit zu stehen. Deswegen muss ich darauf bedacht sein, zu Ruhe- oder Ausgleichsphasen zu kommen.

Regel Nr. 3: Ich brauche Sport und gesunde Ernährung!

Was die Römer und Griechen schon wussten, gilt auch für mich: Nur in einem gesunden Körper steckt auch ein gesunder Geist. Wenn ich meinen Kopf ständig mit Input füttern will, muss ich dafür sorgen, dass mein Körper im Gegenzug die Entlastung bekommt, die er benötigt, um einen aufnahmefähigen Kopf zu garantieren.

Unter der Woche will ich daher in der ersten Vorbereitungshälfte dienstags und donnerstags 30 Minuten joggen, um den Bürostress abzuschütteln. Am Wochenende werde ich entweder joggen, oder – wenn das Wetter es zulässt – zwei Stunden auf meinem Rennrad die Höhen des Odenwaldes erklimmen. Im Sommer, während meiner zweiten Vorbereitungshälfte, werde ich mir dreimal die Woche Zeit für eine Sporteinheit nehmen. Zwar werden längere Fahrradtouren dann sicherlich seltener, aber kleinere Laufeinheiten zwischendurch muss und will ich mir gönnen.

Für den Laufsport lasse ich mir daher noch einen MP3-Player mit Radio zu Weihnachten schenken, um die Sporteinheiten abwechslungsreicher zu gestalten. Zwar finde ich es auch schön, beim Sport nicht abgelenkt zu sein und so zu mir selbst zu finden, aber mit Radio kann ich mir zumindest Samstagnachmittags beim

Laufen die Bundesligakonferenz in aller Ruhe anhören. Neben dem Sport will ich für eine gesündere Ernährung sorgen. Was mein alter Sozialkundelehrer an meinem Bensheimer Gymnasium zu sagen pflegte, ergibt nun, knappe zehn Jahre später, zum ersten Mal einen Sinn: „An apple a day, keeps the doctor away!"

Also werde ich jeden Tag Äpfel, Bananen, Gurken und Mandarinen essen. Ich hole das Müsli wieder hervor, und ich sollte vielleicht auch endlich den in unserem Büro selbst hergestellten Karottensaft trinken. *Stopp!* Wir wollen es mal nicht übertreiben!

Bei dem Gedanken an diesen dickflüssigen und wirklich nicht gut schmeckenden Saft gebe ich morgen früh vielleicht doch lieber ein „Nein, danke!" zum Besten, wenn die Karottensaft-Frau kommt. Der ist dann doch einfach eine Nummer zu hart.

Das billige Wasser aber werde ich aus meinem Ernährungsplan aussortieren, weil zu wenig Calcium und Magnesium enthalten ist. Daher wird mir nichts anderes übrig bleiben, als Kostwochenenden zu veranstalten, an denen ich mir die verschiedensten Wassersorten nach Hause hole, und – wie soll es auch anders sein – Buch darüber führe.

Wie schmeckt es, ist Kohlensäure enthalten, wie viel Gramm Magnesium und wie viel Gramm Calcium ist in einem Liter? Gibt es das optimale Calcium/Magnesium Verhältnis von 2:1, schmeckt das Wasser hart oder weich, ist es deutsch oder französisch? Ja, ich denke, das könnte trotz der mentalen Anstrengung für meinen Körper eine wirklich gute Zeit werden.

Regel Nr. 4: Der Alternativplan liegt bereit!

Ich bin mir sicher, das Projekt Steuerberaterexamen genau ein einziges Mal in Angriff zu nehmen. Diese Einstellung und das Wissen um die hohen Durchfallquoten erfordert zwingend eines: einen Notfallplan! Denn irgendetwas muss passieren, wenn ich diese Prüfung nicht bestehe.

Zunächst einmal halte ich fest: Nichts auf dieser Welt ist so wichtig, als das man sich jahrelang dafür quälen muss. Und wenn es ums Berufliche geht, schon gar nicht. Warum soll ich mir etwas antun, was augenscheinlich nichts für mich ist?

Als Jugendlicher war ich jahrelang in einer Tanzschule als Kursteilnehmer, Gastherr und schließlich auch als Barkeeper aktiv. Vielleicht bedeutet mein Nicht-Bestehen den Startschuss für eine Karriere als ewig lächelnder Tanzlehrer?

Während meines Studiums in Ost-Deutschland bin ich auch auf den Geschmack einer richtigen Thüringer Bratwurst gekommen. Und auch hier muss ich zugeben: Das war eine Erinnerung, die sich bei mir eingebrannt hat. Und im Rhein-Main-Gebiet habe ich eine solche Bratwurst, die sicherlich auch hier Erfolg haben würde, noch nicht gegessen. Mein zweites Standbein könnte also den Import von Thüringer Spezialitäten in den Rest der Republik betreffen!

Ich hoffe zwar, dass ich diese beiden Alternativen nie ernsthaft in Betracht ziehen muss, weil ich nicht weiß, ob ich als Holzkohlegriller die Erfüllung meines Lebens finden würde. Aber da man eben nie weiß, was das Leben mit sich bringt, ist es gut, wenn man auf alles vorbereitet ist.

Teil II – Die erste Vorbereitungshälfte

Teil II – Die erste Vorbereitungshälfte

12. 10. 2006 – Der erste Lehrgangstag

„Vergessen Sie das nächste Jahr! Streichen Sie es aus Ihrem Leben und tun Sie einfach so, als ob es nie stattgefunden hätte!"

Mit Sprüchen wie diesen wurde ich heute Morgen vom Dozenten meines ersten Samstagkurses begrüßt. „Ihr Leben wird sich mit dem heutigen Tage entscheidend verändern. Richten Sie all Ihre Aufmerksamkeit auf diese eine Prüfung. Leben Sie diese Entscheidung ganz bewusst und mit all ihren Konsequenzen. Fangen Sie beispielsweise damit an, auf dem täglichen Weg zur Arbeit nicht die Städtenamen auf den Nummernschildern zu erraten, sondern suchen Sie in Ihrem Langzeitgedächtnis nach Wörtern aus dem Steuerrecht und teilen Sie Ihrem Beifahrer – oder im Notfall eben sich selbst – die Rechtsquelle hierzu mit!"

Diese Standpauke gleich zu Beginn der ersten Unterrichtseinheit erinnerte mich ein wenig an meine Einführungsveranstaltung zum Fach Einkommensteuer an der Fachhochschule. Wieder einmal wird dem ahnungslosen Studenten in einer nicht gerade blumigen Sprache verkündet, dass er sich für etwas entschieden hat, was er bei Leibe nicht unterschätzen sollte.

Ich frage mich ernsthaft, ob sich der Dozent und mein ehemaliger Professor kennen. Oder ist es unter Dozierenden im Bereich des Steuerrechts gerade die angesagte Masche, Studenten in Angst zu versetzen?

Die Tatsache, dass ich mich in die letzte Reihe gesetzt habe, um meine Unwissenheit so lange wie möglich verbergen zu können, machte sich auch gleich bezahlt. Bei dem Tempo, das der Dozent an den Tag legt, musste ich mich schon am heutigen ersten Tag fragen, ob ich hier wirklich richtig bin. Ich komme kaum bei den Gedankensprüngen mit, die er vorne an seinem Rednerpult vollzieht. Und die, die sich in die ersten Reihen gesetzt haben, werden ständig nach ihrer Meinung, oder soll ich besser sagen: nach ihrem Halbwissen, gefragt.

„Wo steht`s?“
„Wie kommen Sie denn darauf?“
„Weiß es jemand besser?“
„Nein? Dann will ich es Ihnen sagen!“

Am Ende des ersten Tages hatten wir tatsächlich 66 Seiten Skript durchgearbeitet! Behandelt wurden ausschließlich Themen aus dem Bilanzsteuerrecht, und mit seinen Sprüngen vom HGB ins EStG und über die Richtlinien zurück, zeigte der Dozent uns auch, was wir schon lange vermutet haben:

Wir haben alle keine Ahnung!

„Ganz ehrlich, eines sollten Sie sich bis zum heutigen Tage schon bewusst gemacht haben: Ohne den nötigen Ernst werden Sie das hier nicht überstehen!“

Seine Meinung und sein Tempo an diesem ersten Tag ließen erahnen, dass der erste ausgesprochene Satz unseres Dozenten leider genauso ernst gemeint war, wie er zuvor von uns belächelt wurde. „Vergessen Sie das nächste Jahr!“

Immerhin sind mir einige der Kursteilnehmer auf Anhieb richtig sympathisch. Links neben mir sitzt beispielweise Eddie, 30 Jahre, ein ebenso wie ich positiv bekloppter Fußballfan aus Darmstadt, der allerdings entgegen seines hessischen Wohnsitzes kein Eintracht-, sondern HSV-Fan ist. Diese untypisch hessische Eigenschaft erklärt sich allerdings durch seine originäre Herkunft: Blexen, ein Dorf in Norddeutschland. Dieses hatte er für sein Studium des Steuerwesens an der Fachhochschule Worms verlassen.

Hinter mir sitzt der 28-jährige Steuerfachwirt Robert, der in Bürstadt, einem Nachbarort von Einhausen, wohnt. Wie sich später noch herausstellten sollte, war nicht nur diesbezüglich die Welt mal wieder ein Dorf: Abitur machte er nämlich auf derselben Schule wie ich, wenngleich ihm eine Ehrenrunde erspart blieb. Obwohl er nur drei Jahrgänge vor mir sein Abitur gemacht hatte, könnte ich schwören, dass ich ihn noch nie vorher gesehen habe.

Eine weitere Bekanntschaft ist Hans-Peter. Dieser kommt aus der Finanzverwaltung und war dort jahrelang im Bereich der Betriebsprüfung tätig. Alleine dieser Umstand lässt ihm eine besondere Bedeutung zukommen. Seine Erfahrungen und Erlebnisse aus der Vergangenheit geben uns einen willkommenen und nicht alltäglichen Blickwinkel auf die Arbeit der Gegenseite. Aber auch der Umstand, dass er bekennender Bayern-Fan ist, macht ihn sympathisch. Zwar lösen seine Vereinsfarben keine Glücksgefühle in mir aus, aber ein Pausenschwatz über den bevorstehenden oder zurückliegenden Bundesligaspieltag lässt die Laune immer ansteigen.

Die Tatsache, dass die meisten um mich herum eine bessere Vorbildung haben als ich, empfinde ich nicht als Nachteil. Somit kann ich zum einen immer jemanden fragen, wenn ich mal wieder etwas nicht verstanden habe, ohne dabei gleich mein Gesicht zu verlieren. Und zum anderen ist mein persönlicher Bestehensdruck in der Gruppe dadurch nicht allzu groß, weil man ein Bestehen im Erstversuch zumindest nach dem ersten Eindruck von mir wahrscheinlich am wenigsten erwartet. Und zuletzt kann ich mich bei der Frage, welche Fortschritte mein steuerlicher Sachverstand macht, immer gut an den anderen orientieren!

Ausgestattet mit ca. 500 Seiten Skript, ersten Eindrücken und guten Kontakten war ich am Ende der ersten Veranstaltung heilfroh, nach acht langen Stunden endlich die Heimreise antreten zu können. Die Anspannung und Aufregung wegen der beginnenden Ausbildung waren die letzten Tage doch recht groß geworden, so dass dieser Ballast jetzt erst einmal von mir abfiel und sich in Form von absoluter Müdigkeit zeigte.

Zu Hause angekommen, überraschte mich Lysann an der Wohnungstür aber zunächst mit einem süßen kleinen Teddybären, der auch noch einen Bademantel einschließlich Kapuze trug. Diesen Bären, den sie liebevoll „Schlumpie" taufte, drückte sie mir mit strahlenden Augen in die Hand und teilte mir mit, dass er von nun an auf mich aufpasse und mein Glücksbringer sei. Ich sollte ihn noch brauchen...

Unternehmen konnte ich abends nach diesem ersten Kurstag erstmal gar nichts mehr. Um 22.00 Uhr sind mir schlussendlich die Augen auf dem Sofa zugefallen, und sie sollten sich erst zehn Stunden später wieder öffnen. Dass ich zwischendurch ins Bett gekommen bin, verdanke ich Lysann, die mich irgendwann auf der Couch weckte und ins Bett schickte.

Der Sonntag schließlich wurde komplett dazu genutzt, die Skripte vom Vortag nachzuarbeiten. Und obwohl ich einen kompletten Tag Zeit und die Themen einen Tag zuvor schon einmal gehört hatte, schaffte ich es nicht, alles aufzuarbeiten, was wir durchgenommen hatten. Ich sollte also gleich zu Beginn spüren, dass von nun an die Aufbereitung der Lehrgangsunterlagen einen Großteil, wenn nicht sogar meine komplette Freizeit in Anspruch nehmen sollte. Ein langer und mühsamer Weg hatte endgültig begonnen.

Dieser erste Lehrgangssamstag war der Auftakt zu einem völlig neuen Lebensgefühl. Noch nie zuvor bekam mein Leben einen solchen Rhythmus, wie ich ihn ab heute erleben sollte. Zwar kannte ich aus den Prüfungsphasen im Studium das Gefühl, dauernd lernen zu müssen und wusste, wie es ist, wenn die Prüfungsphasen näher rückten. Aber mit jedem Tag und jeder Woche, die von nun an verstrichen, sollte das schlechte Gewissen größer und die investierten Stunden zahlreicher werden. Und der Berg an zu erledigenden Arbeiten sollte auch trotz größter Anstrengungen von nun an nur noch eine Richtung kennen: die des Wachstums.

Ach ja, ich sollte mich im Laufe der Zeit auch tatsächlich dabei ertappen, den Nummernschilder-Rat in die Tat umzusetzen. Ich kam dabei auf spektakulär kreative Vorschläge wie:

AA	Aussetzungsantrag	§ 361 AO
DA	Degressive AfA	§ 7 Abs. 2 EStG
F	Fahrtenbuchmethode	§ 6 Abs. 1 Nr. 4 Satz 4 EStG
HA	Härteausgleich	§ 19 ErbStG
HP	Hinterbliebenenpauschbetrag	§ 33b Abs. 4 EStG
OB	Originäre Buchführungspflicht	§ 141 AO
SP	Subsidiaritätsprinzip	§ 20 Abs. 3 EStG
MA	Maßgeblichkeitsprinzip	§ 5 Abs. 1 Satz 1 EStG

Ich persönlich fand diese Spielchen eine Zeit lang unterhaltsam, mein Umfeld hingegen reagierte irgendwann leicht genervt. Man versuchte mir schließlich auch klar zu machen, dass ich langsam anfinge, mich durch diese Prüfung ein wenig zu sehr verrückt machen zu lassen, aber ich schmetterte diesen Vorwurf unter einem dezenten Verweis auf die Größe dieses Vorhabens immer wieder leicht lächelnd ab.

Eines konnte ich durch die Reaktionen der anderen aber feststellen: Ein gewisses Fieber musste mich gepackt haben. Der Wunsch, dieses Examen im Erstanlauf bestehen zu wollen, war groß. Und der Wille hierzu wurde von Tag zu Tag ausgeprägter, zeigte er sich doch mittlerweile in Aktionen, die ein Außenstehender nicht mehr nachvollziehen konnte.

Im Nachhinein könnte man vermuten, dass die eingangs erwähnte Leidenschaft langsam aber sicher begann sich zu entwickeln. Sicher kann man aber nur eines sagen: Zu dieser Zeit festigte sich in mir die Einstellung, die später einen Großteil zu dem Bestehen dieses Examens beitragen sollte: Ganz oder gar nicht!

6. 1. 2007 – Der erste Klausurentag

Nachdem die ersten Samstagskurse geschafft und die ersten Skriptpakete durchgewälzt waren, ging es heute zu meiner ersten Probeklausur. Das wirklich Erschreckende dabei war, dass ich selbst vor solch einer Probeklausur nervös war und die letzte Nacht kein Auge zugemacht habe.

Zwar bin ich Klausurenschreiben aus meinem Studium gewohnt, doch gingen die Klausuren dort lediglich über maximal zwei Stunden. Heute erwarteten mich immerhin sechs Stunden, von denen ich gestern noch nicht so recht wusste, was ich von ihnen zu erwarten hatte.

Bemerkenswert war gleich zu Beginn die Tatsache, dass nicht alle Kursteilnehmer an der Klausur teilnahmen. Vermag das in dem einen oder anderen Fall noch begründet gewesen sein, erschien es mir bei vielen Leuten aber eher als willkürlich.

„Das hat doch eh noch keinen Sinn!", hörte man später aus dem Munde derer, die nicht kamen. Das kann ich nicht nachvollziehen, denn das Schreiben der Probeklausuren ist mit Abstand das Wichtigste in der kompletten Vorbereitung. Nirgendwo sonst bekommt man schwarz auf weiß, auf welchem Niveau man sich bewegt und wie man sich, auch im Vergleich zu den anderen, beim Lösen examensähnlicher Sachverhalte schlägt.

Auf das Schreiben von Klausuren zu verzichten und lieber zu Hause noch ein wenig nachzuarbeiten, empfinde ich daher eher als eine schlechte Ausrede, als ein gutes Argument.

Mit einer gewissen Nervosität im Bauch warteten wir gegen 9.00 Uhr auf den Beginn der ersten Probeklausur. Nach dem Austeilen musste ich erst einmal feststellen, dass der Umfang im Vergleich zu meinen bisherigen Klausuren im Studium einfach nur gigantisch war. Anders kann ich mehrere Seiten Aufgabenstellung nicht beschreiben. Positiv war aber immerhin, dass ich nicht das Gefühl hatte, mit den vor mir liegenden Aufgaben nichts anfangen zu können.

Ich nahm mir die Zeit, die Klausur einmal komplett durchzulesen und schrieb dann nach bestem Wissen und Gewissen an Hand der Aufgabenreihenfolge einfach darauf los. Schon nach wenigen Sätzen bekam ich aber den Eindruck, einen falschen Einstieg gewählt zu haben, und entschied mich daraufhin, noch einmal von vorne anzufangen. Unklar war mir dabei insbesondere, ob ich die Klausuren wirklich anhand des Gesetzes abprüfen sollte, oder ob ich mich nur auf den Kern der Aufgabenstellung konzentrieren sollte.

Ich konnte mir zunächst nicht vorstellen, wirklich bei der Steuerpflicht anfangen zu müssen, weil man im Examen doch von einem gewissen Wissenssockel ausgehen musste. Die Antwort auf diese Frage bekam ich nach Beenden der Klausur mit der ausgeteilten Musterlösung. Es sollte tatsächlich so sein, dass man auch im Steuerberaterexamen bei Null anfangen musste. So gab es im Bereich der Einkommensteuer Punkte auf relativ allgemeines Basiswissen wie persönliche und sachliche Steuerpflicht. Das überraschte mich zunächst ein wenig, ließ mich aber auch aufatmen, weil es mir ein wenig die Angst vor der Situation nahm. Auch in diesen Klausuren wird eigentlich nur mit Wasser gekocht.

Zu denken gab mir aber, dass ich nach Ablauf der sechs Stunden nur zwei Drittel der Klausur zu Ende gebracht hatte. Und damit meine ich nicht, dass ich ein Drittel nicht lösen konnte. Zum letzten Drittel bin ich aus Zeitmangel überhaupt nicht mehr gekommen. Vielleicht war auch einfach meine Taktik falsch, beim Lösen der Klausur bei der ersten Aufgabe anzufangen und die restlichen Aufgaben der Reihe nach durchzulösen. Beim nächsten Mal werde ich vielleicht besser erst das lösen, was ich wirklich kann und die mir unbekannten Sachverhalte am Ende bearbeiten.

Ein Trost war immerhin, dass die meisten anderen auch nicht fertig wurden und eigentlich alle über den Umfang dieser Klausur stöhnten. So kann ich mir zumindest sicher sein, dass ich nicht allein bin mit meinen Sorgen. Bis Oktober nächsten Jahres bleibt schließlich auch noch eine Menge Zeit, um eine bessere Technik zum Schreiben der Klausuren zu entwickeln. Und außerdem wird auch das fortschreitende Wissen dafür sorgen, dass ich besser mit den Klausuren umgehen kann.

Interessant fand ich auch, dass ich testen konnte, wie oft ich auf die Toilette gehen musste oder welche Mahlzeiten sich bei einem solch langen Prüfungszeitraum am besten eigneten. Sehr gut waren Schokolade, Gummibärchen und ein wenig Obst. Genauso benötigte ich eine ausreichende Menge an Flüssigkeit in Form von Wasser und Kaffee. Dass ich davon vielleicht das eine oder andere Mal mehr auf die Toilette gehen musste, machte mir persönlich nichts aus, denn diese Unterbrechungen waren kurze Verschnaufpausen und daher eine willkommene Abwechslung.

Weniger gut waren größere Mahlzeiten wie Brötchen, weil ich danach erst einmal in ein Denkloch fiel und nicht mehr konzentriert weiterarbeiten konnte. Bei der nächsten Klausur werde ich lieber ein wenig besser frühstücken, als mich durch Salamibrötchenlöcher aufhalten zu lassen.

Diese erste Klausur vermittelte mir einen realistischen Eindruck über den Umfang einer Examensklausur und zeigte mir, dass noch ein steiniger Weg vor mir lag, um Klausuren mit einem solchen Umfang in einer Form zu bewältigen, die zum Bestehen ausreichte.

An diesem ersten Klausurentag gab es auch gleich das nächste große Skriptpaket mit nach Hause, welches ich zu den vielen anderen und zum Großteil noch unbearbeiteten Skripten aus dem Oktober ins Arbeitszimmer legte.

Soll das in diesem Tempo eigentlich weiter gehen?

Meine extra für das Examen angeschafften großen weißen Ordner beginnen langsam aber sicher, sich zu füllen. Mittlerweile stehen da drei prall gefüllte Ordner. Das ist in etwa die Menge, die ich für mein ganzes Abitur benötigt habe. Und das ging über einen Zeitraum von zwei Jahren und nicht etwa über einen Zeitraum von zwölf Monaten.

Bei der Rückgabe der korrigierten Klausur wenige Wochen später erlebte ich zu meiner großen Überraschung einen ersten

Glücksmoment. Ich schrieb entgegen meiner eigenen Erwartung doch tatsächlich eine 4,5 und war damit sogar besser als der Schnitt. Freudestrahlend nahm ich die Klausur entgegen und dachte in einem leichten Überschwang der Gefühle, dass ich diese Note gerne auch im schriftlichen Examen haben würde. Dann wüsste ich zumindest, dass ich nicht durchgefallen wäre und an der mündlichen Prüfung teilnehmen dürfte. Denn auch wenn man im Examen insgesamt eine 4,16 benötigt, berechtigt bereits ein Schnitt von 4,5 im schriftlichen Teil zur Teilnahme an der mündlichen Prüfung.

15. 3. 2007 – I got you babe

Mittlerweile befinde ich mich seit sechs Monaten in der Vorbereitung und aufgrund meiner gelebten Konsequenz in Bezug auf Nach-, Vor- und Aufbereiten der Unterlagen fühle ich mich langsam aber sicher wie Phil Connors aus dem Film „Und täglich grüßt das Murmeltier". Nur dass dieser Film nicht in Punxsutawney, sondern in meinem wahren Leben spielt.

Ich erwache jeden Morgen und stelle fest, dass heute wieder gestern ist! Ich lebe ein und denselben Tag immer und immer wieder. Ich hänge in einer Schleife, mein Leben ist an einem absurden Punkt angelangt, und ich weiß nicht mehr, was ich dagegen tun soll.

Jeder Tag ist der 15. März, jeden gesprochenen Satz kann ich im Voraus beantworten und jeden Tag gehe ich ins Bett und wünsche mir, dass morgen endlich alles vorbei und morgen nicht schon wieder heute ist.

Ich überlege ernsthaft, ob ich mir den Song kaufen soll, mit dem Phil jeden Morgen geweckt wurde. Ich sollte mich auch mit ihm wecken lassen, um diese ständige Schleife in meinem Kopf noch ein wenig zu intensivieren. Kurz gesagt: Ich lebe jeden Tag den gleichen Tag: Aufstehen, arbeiten, lernen, schlafen.

Na, ja etwas ausführlicher ist er schon, aber prinzipiell läuft jeder Tag nach genau diesem langweiligen, sich immer wiederholenden, stets gleichen Muster ab. Wenn auch die Lieder in meinem Radiowecker noch jeden Morgen andere sind, es fühlt sich jeden Morgen an wie „I got you babe":

Um 6.15 Uhr klingelt der Wecker.

Mein Körper sagt mir „Du bist müde und willst noch schlafen", Lysann schubst mich und sagt mir, dass ich meinen Wecker mal wieder nicht gehört habe und meine Laune gibt mir zu verstehen, dass das heute schon wieder nicht mein Tag wird. Dennoch raffe ich mich auf und schleppe meinen schlaffen Körper in Richtung Bad, das ich um 6.40 Uhr wieder verlasse.

Zu genau dieser Uhrzeit betritt Morgen für Morgen Lysann das Bad. Wir drücken uns, teilen uns mit, dass wir müde sind, aber uns lieb haben und lassen uns wieder los. Weiter geht`s Richtung Schlafzimmer, um die Betten zu machen. Ich beteilige mich also nach wie vor an der Hausarbeit, jedoch in einem so geringen Maße, dass ich mir selbst jede mögliche Arbeit, die irgendwie in die Kategorie Haushalt passt, akribisch aufliste und Lysann vorhalte, wenn sie mir wieder mal sagt, dass zur Zeit alles an ihr hängen bleibt.

Schließlich geht es nach den gemachten Betten Richtung Küche, wahlweise Kühlschrank oder Obstschale, um mein Mittagessen, Obst, Schokoriegel oder Kuchen mit auf die Arbeit zu nehmen. Zurück ins Bad zu Lysann, „Ich hab dich lieb" sagen, sie umarmen, um schließlich „Du hast kalte Hände" zu hören, und nach einem verschlafenen Kuss aus der Haustür und ins Auto zu verschwinden. In den Wintermonaten liegt zwischen „Ich hab dich lieb", „Du hast kalte Hände" und im Auto verschwinden noch Eiskratzen an beiden Autos, um die Beteiligung am Haushalt auch tatsächlich auf einem erträglichen Niveau zu halten.

Im Büro komme ich um 7.15 Uhr an, hole mir meinen Kaffee, das Müsli und eine Flasche Wasser und lasse den Tag beginnen. Mir ist aufgefallen, dass ich in letzter Zeit oft auf meine kleine Bahnhofsuhr schaue, die mich treu durch mein Studium begleitet hat und in den innenarchitektonischen Plänen von Lysann bei der Gestaltung unserer gemeinsamen Wohnung leider keine Berücksichtigung fand. Und früher gingen die Arbeitstage auch definitiv schneller vorbei.

Nach getaner Arbeit geht es gegen 16.00 Uhr zurück nach Hause. Meine Überstunden kann ich im Moment wirklich an einer Hand abzählen. Allerdings betonen auch alle, dass ich momentan wahrlich Wichtigeres zu tun habe, als Überstunden zu schieben. Und wenn ich tatsächlich welche mache, nehme ich mir die Freiheit, diese am nächsten Tag auch gleich wieder abzubummeln.

Zu Hause angekommen kümmere ich mich um unser Abendessen, um mich für ein, zwei Stunden abzulenken. Danach geht es

Punkt 19.00 Uhr in mein Arbeitszimmer, wo es dann für zwei Stunden heißt: Ordner wälzen, nacharbeiten, weiter lesen oder vorarbeiten. Nachdem auch diese zwei Stunden Tag für Tag vorbeigegangen sind, geselle ich mich müde aber glücklich zu Lysann auf die Couch und dann heißt es: abschalten und Fernsehschauen. Und wenn ich selbstzufrieden meinen erfüllten Tag Revue passieren lasse, gönne ich mir auch schon mal ein Glas Wein oder gar ein Bier.

Vielleicht mal wieder etwas lesen? Keine Chance! Mir langen die Skripte.

Nach der gemeinsamen Stunde Fernsehen und Chips essen geht es wieder Richtung Bad und dann ins Bett. Ich schaue auf meinen digitalen Wecker, der 22.30 Uhr anzeigt und sagt: „Gleicher Ort, gleiche Zeit."

Was bleibt mir als Lehre aus dieser Endlosschleife?

Dass dieses Examen ein mühsames Unterfangen ist und die einzige Lösung aus vielen kleinen und zähen Schritten besteht. Das Gefühl, voran zu kommen, habe ich wahrlich nicht jeden Tag. Meine Hoffnung setze ich auf das, wofür im wahren Leben nur Hollywood eine Antwort hat: dass auch für mich dieser albtraumähnliche Zustand irgendwann mit einem Happy End zu Ende geht.

Phil wurde erlöst, Stefan bekommt sein Examen.

Und ich hoffe doch sehr, dass ich hierfür nicht auch noch Selbstmordversuche unternehmen muss, wie Phil es erfolglos probiert hat.

Mit einem breiten Grinsen auf den Wangen erträume ich mir den Moment, in dem mir die Urkunde überreicht wird und wie meine Familie mich glücklich anlächelt und umarmt. Meine rastlosen Zweifel haben ein Ende und ich bin mir sicher, alles richtig gemacht zu haben.

Ja, genau so habe ich mir das vorgestellt!

Mitten in dieser malerischen Stimmung ertönt eine mir vertraute Stimme. Lysann schubst mich und sagt mir, dass ich meinen Wecker mal wieder nicht gehört habe, ...

2. 4. 2007 – Panikattacke, die erste – Teil I

Seit heute kann ich nachvollziehen, wie sich die Panik in den Vollzeitkursen anfühlen muss, wenn man wichtige Themen durchnimmt und diese einfach nicht kapiert. Vor meinem geistigen Auge sehe ich schon jetzt die völlig überforderten Kursteilnehmer, denen die Panik ins Gesicht geschrieben steht. Mit blassem Gesicht werden sie mich und sich fragen, wie sie das alles schaffen sollen und warum sie sich überhaupt für den Steuerberatertitel entschieden haben. Alternativ zu diesem Panikszenario beginnen sie auf den Anbieter zu schimpfen, der „wirklich das Allerletzte" ist und den sie „nie wieder wählen" würden. Doch der Reihe nach.

Um 20 Seiten Skript vorzuarbeiten, habe ich gestern und heute dreieinhalb Stunden gebraucht. Dienstagabend zwei, und Mittwochmorgen eineinhalb. Dabei hatte ich mir abends vorgenommen, morgens „nur mal noch schnell" das Skript zu Ende durchzuarbeiten, um abends nach Feierabend endlich mal wieder mit ein paar Arbeitskollegen in eine Pizzeria gehen zu können, ohne dabei von meinem schlechten Gewissen geplagt zu werden.

Es war nicht mein schlechtes Gewissen, das mir zu denken gab. Es war die Tatsache, dass ich das Thema des Skriptes trotz intensivster Bemühungen auch nach diesen dreieinhalb Stunden noch immer nicht verstanden hatte. Und weil die Tage wieder mal ein Skriptpaket kam, plagte mich den ganzen Tag ein und derselbe Gedanke:

Wie will ich eigentlich mehrere tausend Seiten Skript durcharbeiten, wenn ich für alle Seiten so viel Zeit benötige, wie für diese 20?

An dieser Stelle fragte ich mich zum ersten Mal, warum ich mir das alles antue, und wieso ich mir diese Bürde selbst auferlegt habe.

Kein Mensch kann so etwas freiwillig wollen!

Um einen besseren Überblick zu bekommen, stellte ich mir eine Excelliste mit all den Skripten zusammen, die wir bis zum heutigen Tage bekommen hatten. Ich habe die Seitenzahl hinzugefügt und drei Spalten mit folgenden Überschriften: der Tag, an dem wir das Skript im Vorbereitungskurs behandelt hatten, ob ich es nachgearbeitet hatte (g) und ob ich es irgendwann wiederholt (w) hatte:

		S.	Datum	g	w
	Bilanzsteuerrecht				
1.	Aktivseite der Bilanz				
1.1.	AK	43	21. 10. 2006	j	j
1.2.	Teilwert	23	21. 10. 2006	j	j
1.3.	Immaterielle WG	14	4. 11. 2006	j	j
1.4.	Gemischt genutzte WG	14	4. 11. 2006	j	j
1.5.	Grundstücke	18	4. 11. 2006	j	j

Diese Auflistung hat für mich eine entscheidende Bedeutung: Sie soll mir mit jedem Tag, an dem ich diese Liste aufrufe, sagen, wie viele Seiten ich bis zum letzten Tag vor dem Examen insgesamt noch zu bearbeiten habe und wie viele Seiten das pro Tag genau sind.

Bis zum 2. 4. 2007 hatten wir von unserem Anbieter bereits 2.913 Seiten Skript bekommen. Aus den drei Ordnern zu Beginn der Vorbereitung waren mittlerweile neun Ordner geworden, die zwar noch lange nicht alle prall gefüllt, aber auch nicht komplett durchgearbeitet waren. Von den 2.913 Seiten Skript hatte ich bisher 1.087 Seiten bearbeitet, was immerhin eine aktuelle Quote von 37,32 % und verbleibende Seiten in einem Umfang von 1.826 ergab.

Da in unserem Büro in den letzten Jahren mehrere Personen das Examen geschrieben und die Vorbereitung alle beim gleichen Anbieter durchlaufen hatten, ließ ich mir von diesen sagen, wie viele Ordner und Skripte sich bei ihnen angesammelt hatten. Immerhin sind diese neun Ordner schon fast so viele Ordner, die sich während meines kompletten Studiums füllten.

Antwort Nr. 1: Examen 2001: 13 volle Ordner.

Antwort Nr. 2: Examen letztes Jahr: 15 volle Ordner.

Wow! Das wäre ja sogar mehr als mein gesamtes Studium.

Und ich müsste das in einem und nicht etwa in vier Jahren durcharbeiten. Ich war leicht schockiert. Ich musste tatsächlich damit rechnen, noch viel mehr Skripte geliefert zu bekommen, als ich jetzt schon hatte. Und ganz ehrlich: Das ist jetzt schon eine ganze Menge!

Anhand der vorhandenen Seiten rechnete ich mir aus, dass bei 15 Ordnern und einer wirklich großzügigen Berechnung noch ca. 2.000 weitere Seiten kommen sollten. Es würden damit insgesamt mindestens 5.000 Seiten werden.

Meine Exceltabelle berechnete mir aus dem aktuellen Datum eine Resttagezahl, mit der ich anhand der verbleibenden Seiten bzw. der vermuteten Seiten pro Tag, auf die täglich zu lesenden Seiten schließen konnte. In der Zeile, in der mir die vermuteten Seiten pro Tag angezeigt wurden, erschien eine Zahl, die mich nach meinem „zwei Tage für 20 Seiten und trotzdem nicht verstanden -Erlebnis" kurzfristig in einen Schockzustand versetzen sollte:

Seiten bekommen	2.913
Seiten bearbeitet	1.087
Bearbeitungsquote	37,32%
Verbleibende Seiten vorhanden	1.826
+ Vermutete weitere Seiten	2.087
= Verbleibende Seiten gesamt	3.790
Datum Heute	2. 4. 2007
Datum letzter Tag vor Examen	8. 10. 2007
Resttage	186
Vermutete Seiten/Tag	20,38

Vom heutigen Tage an müsste ich demnach mehr als 20 Seiten pro Tag durcharbeiten, um bis zum 8. 10. 2007, dem letzten freien

Tag vor dem Examen, jede Seite nur einmal gelesen zu haben. Ich wiederhole an dieser Stelle wirklich gerne noch einmal das entscheidende Wort des letzten Satzes: **gelesen**.

Zugegebenermaßen mag sich das im ersten Moment zunächst einmal harmlos anhören, aber diese Zahl beinhaltet auch nicht folgende Dinge: Seit einem halben Jahr unternehme ich wirklich die größten Anstrengungen, um am Ball zu bleiben. Bis zum 31. 5. 2007 habe ich jedoch noch weiterhin eine 40-Stunden-Woche im Büro, und vom 1. 7. - 30. 9. 2007 habe ich einen Vollzeit- und Klausurenintensivkurs, der von Montag bis Samstagnachmittag gehen wird. Dienstag und Donnerstag gehen komplett drauf, weil an diesen Tagen nachmittags Probeklausuren geschrieben werden. Und durch das bisherige Tempo der Dozenten weiß ich, dass es nicht ausreichen wird, nur anwesend zu sein und sich berieseln zu lassen. Die Skripte müssen natürlich auch verstanden und wiederholt werden.

Weiterhin heiratet mein bester Freund Uli im August in Litauen und im Mai fliege ich zu ihm, um mit weiteren Studienfreunden eine Art vorgezogenen Junggesellenabschied zu feiern.

Ach ja, und im Juni bin ich mit Lysann zehn Tage in Italien, um unserer Beziehung im Jahr 2007 auch etwas Positives bieten zu können. Denn auch das sollte ich nicht ganz vernachlässigen. Sind wir mal realistisch: Das mit den 20 Seiten pro Tag wird bei näherer Betrachtung ein Ding der Unmöglichkeit.

Julian, unser frisch gebackener Steuerberater im Büro, hat sich allem Anschein nach mittlerweile auch zwei neue Vorsätze genommen. Zum einen nutzt er jede Gelegenheit, mir mit in den Himmel gestreckten Armen mitzuteilen, dass er die Prüfung bereits bestanden hat und zum anderen schmettert er mir bei jedem Wort, das in Zusammenhang mit Freizeitgestaltung steht, die durchaus nervenden Bemerkungen „Du sollst endlich was lernen!“ oder „Lernst du auch mal was?“ entgegen. Sich diese Sätze ab und zu als Gag anhören zu müssen, gehört dazu. Sich diese Sätze jeden

Tag anhören zu müssen, nervt irgendwann. Sich diese Sätze allerdings nicht nur jeden Tag, sondern bei jeder sich bietenden Gelegenheit unter Einbeziehung eines größtmöglichen Publikums anhören zu müssen, treibt mich in den Wahnsinn!

Denkt der wirklich, dass ich Tag für Tag faul zu Hause auf der Couch liege, La Paloma pfeifend mein Leben genieße und nichts lerne, oder macht der sich einfach nur einen Spaß? Ich arbeite, lerne, schlafe. Jeden Tag. Mehr kann ich nun wirklich nicht tun. Kriegt der das nicht mit? Und warum schwätzt der so ein Zeug auch noch beim Mittagessen, wenn alle anderen dabei sind?

Auf Dauer ist das echt ätzend. Das Geschwätz lässt mich innerlich kochen und trotzdem erzeugt es ein schier endlos großes und schlechtes Gewissen, ob ich nicht doch noch irgendwo eine Schippe drauf packen müsste. Er hat immerhin mit der zweitbesten Note in unserer Kanzleigeschichte bestanden: 3,66.

Andy steigt übrigens ebenfalls mit auf diese Schiene ein. Er ermahnt mich ständig, dass er sich während seiner Vorbereitungsphase ein Jahr völlig von der Außenwelt verabschiedet hätte und überhaupt nicht mehr aus dem Haus gegangen sei.

Mal ganz ehrlich: Mache ich nicht genau das Gleiche?

Ich erwiderte ihm, dass man zumindest ab und zu auch mal die Seele baumeln lassen müsse, um frische Energie zu tanken. Doch nach seinem mahnenden Blick und den tadelnden Worten bin ich mir mittlerweile sicher, nicht mit Lysann, sondern mit meinen Skripten in den Urlaub zu fahren.

Fassen wir meinen momentanen Seelenzustand einmal zusammen: Ich verfalle langsam aber sicher in absolute Panik, dass ich das alles nicht schaffen werde, obwohl ich das Gefühl habe, bei 100 % meiner Leistungsfähigkeit angekommen zu sein und nichts mehr draufpacken zu können.

Wieder einmal wird mir klar, dass man bei dieser Prüfung ein absolutes Zeitproblem hat. 20 Seiten müssen es im Schnitt pro Tag sein, um in einer rund einjährigen Vorbereitung aufs schriftliche Examen alle Skripte einfach nur gelesen zu haben. Dass das ein

Ding der Unmöglichkeit werden wird, haben mir meine Panikattacke und die dazugehörigen Rechenspiele in den letzten Tagen gezeigt. Zum ersten Mal in der Vorbereitungsphase habe ich wirklich Angst, diese Prüfung nicht zu bestehen. Zum ersten Mal wackelt eine meiner Regeln: Es gibt nur dieses eine Mal. Was ist, wenn ich wirklich noch nicht so weit bin, um diese Prüfung zu bestehen? Innerlich kommen mir wirkliche Zweifel.

Ich lerne praktisch jeden Tag und habe das Gefühl, bereits alles zu geben. Aber was ist, wenn das einfach nicht reicht? War es wirklich eine gute Wahl, gleich im erstmöglichen Jahr in die Prüfung zu gehen? Ich habe mir in der Praxis zwar mittlerweile ein Grundlagenwissen angeeignet, aber reicht das auch?

Ich fühle mich mit meinem Vorhaben völlig überfordert.

„Kopf hoch!", tröste ich mich. „Das haben schon ganz andere geschafft." Auch ein zweiter Anlauf wäre eigentlich gar nicht so schlimm. Jeder, der die Prüfung mitgemacht hat, weiß das. Im Gegensatz zu Außenstehenden ...

„Bist du nicht schon längst Steuerberater?", fragte mich unlängst meine Vermieterin. „Das bist du doch automatisch, oder? Das ist doch so was wie Versicherungsvertreter, oder?"

Wenn diese Frau wüsste, wie dieser Satz zur Verschlechterung meiner Stimmungslage beigetragen hat, sie hätte ihn wahrscheinlich niemals ausgesprochen.

Alles in allem war das heute kein wirklich guter Tag. Meine innere Unruhe ist enorm gewachsen, und mein Gefühl, Gas geben zu müssen, hat sich weiter verstärkt, obwohl ich der Meinung bin, schon 100 % zu geben. Andererseits hat er mir jedoch auch wieder die Augen geöffnet und mich Lehren ziehen lassen:

1. Von meinem heimlichen Traum, wirklich jedes Skript durchgearbeitet und verstanden zu haben, verabschiede mich ab heute.

2. Wegen der Zeitknappheit konzentriere ich mich fortan auf die wichtigen Themen und arbeite mich inhaltlich von den wichtigen zu den unwichtigen Skripten vor.
3. Es geht um nichts anderes, als sich in kürzester Zeit eine Unmenge an Wissen in den Schädel zu hämmern, um es an diesen drei Prüfungstragen abrufen zu können.
4. Das alles hat mit Vorbildung wenig zu tun. Hier entscheidet nur der Wille!

Eine Kollegin, die auch Steuerberaterin ist, und der ich an diesem Morgen mein Leid geklagt hatte, konnte mir tatsächlich weiterhelfen und mir echten Trost spenden, weil sie meine Gefühlslage „absolut nachvollziehen" könne. Mit ernster und mitleidvoller Miene schaute sie mich an und sagte:

„Herr Steinhoff, ganz ehrlich, das muss wohl so sein. Irgendwie geht das doch jedem so, der durch dieses Examen geht. Bei mir war das im Grunde genommen nicht anders."

Für ihre Aussage, dass sich wohl „wirklich jeder im Laufe seiner Vorbereitung irgendwann einmal fragt, warum er sich dieses Drama eigentlich antut!", bin ich ihr wirklich von ganzem Herzen dankbar. Damit zeigt sie mir, dass ich nicht alleine bin und dass solche Gefühlsregungen anscheinend zum Komplettpaket dazugehören. All inclusive eben ...

Diese Panikattacke hat mir auch klar gemacht, dass man wirklich vor jedem, der dieses Examen ernsthaft angeht, Respekt haben und seinen Hut ziehen muss. Egal, was man menschlich von ihm halten mag, damit nimmt er eine wahrlich große Herausforderung an, was ihn von vielen anderen unterscheidet.

Und wenn man es genau nimmt, muss ich meiner Panikattacke von heute sogar dankbar sein!

Warum?

Weil ich sie in einem Stadium der Vorbereitung hatte, in denen Andere noch nicht einmal damit angefangen haben, auch nur eine Seite Skript zu lesen. Und ich habe noch sechs Monate Zeit!

Sechs Monate, um weiterhin alles geben und mir einen echten Wissensspeck aneignen zu können. Die anderen, die später in ihrer Panik lieber auf den Kursanbieter schimpfen, als mit ihrer eigenen Vorbereitung ins Gericht zu gehen, kann ich daher eigentlich nur milde belächeln.

Solche Gedanken, wie sie mir heute einen Ritt auf der Panikwelle verschafft haben, haben die sich im Vorfeld sicher noch nicht gemacht. Bei denen kommt das irgendwann im Sommer. Und dann möchte ich nicht in deren Haut stecken.

6. 4. 2007 – Panikattacke, die erste – Teil II

Es ist das Osterwochenende und mein Wecker klingelt täglich um 7.00 Uhr, schließlich gibt es viel zu tun. Nach einer erfrischenden Dusche und einem guten Frühstück geht es jeden Morgen um 8.00 Uhr an den Schreibtisch. Skripte wiederholen, Wissen festigen!

Beim Wiederholen der Umsatzsteuerskripte fällt mir jedoch zu meinem Entsetzen auf, dass ich beim Wechseln der letzten Ergänzungslieferung tatsächlich zehn Seiten Gesetzestext einfach weggeschmissen haben muss.

„Das darf ja wohl nicht wahr sein!"

Was jetzt?

„Okay, das passiert jedem einmal", sage ich mir.

„Ich muss mir jetzt nur diese Seiten besorgen."

Nur wo? Klauen in der Kanzlei?

Fällt bestimmt keinem auf!

Na gut, ich verwerfe den Gedanken und überlege, ob der liefernde Verlag auch einzelne Seiten nachliefert. Ich surfe ein wenig im Internet und stelle fest, dass ich das Problem auf die Schnelle nicht lösen kann. Und da gerade Feiertag ist, bleibt mir auch nichts anderes übrig, als das Problem zu vertagen. Mit ein bisschen Glück sind in der nächsten Ergänzungslieferung vielleicht genau diese zehn Seiten wieder dabei.

Eins nervt mich allerdings ganz gewaltig: Ich habe gerade bei der letzten Ergänzungslieferung wieder zwei Stunden gesessen und meine Markierung mit Textmarker und Bleistiften feinsäuberlich nachgearbeitet. Sogar die Farben habe ich originalgetreu gewählt. *Für was mache ich mir eigentlich diese Mühe, wenn ich die aussortierten Seiten dann wegwerfe?*

In einer Sache bin ich mir wirklich sicher: Aussortierte Seiten werden ab heute nicht mehr weggeworfen, sondern aufgehoben! Das wirklich Kuriose dabei ist, dass mir das erst kürzlich schon einmal passiert ist! Bei den Erlassen habe ich das Ende des einen Erlasses und den Beginn des anderen Erlasses weggeschmissen.

Zuerst ist mir das überhaupt nicht aufgefallen, der Seitenzahlübergang war schließlich auch richtig: von Seite 19 auf Seite 20. Allerdings war die Seite 19 die Seite 19 des ersten Erlasses und die Seite 20 die Seite 20 des zweiten Erlasses. Alles, was dazwischen war, ist und bleibt verschwunden! Sowohl meine Gesetze als auch meine Erlasse sind nun unvoll-ständig, und das nach nicht einmal einem halben Jahr Vorbereitung.

Toi, toi, toi, die Richtlinien sind ja noch in Ordnung.

Der Galgenhumor hat mich zumindest noch nicht verlassen.

Ich gehe in die Küche, mache mir in aller Ruhe einen Kaffee und laufe mit diesem in der rechten Hand wieder in mein Arbeitszimmer. Und als ich den Kaffee abstellen will, passiert es: Ich bleibe mit dem Arm an der Lehne meines Stuhles hängen.

FLATSCH!

Der Kaffee ergießt sich komplett über meinen Schreibtisch und alles, was sich momentan darauf befindet. Und Murphys Gesetz sollte auch in meinem Arbeitszimmer greifen, denn es sind – wie sollte es auch anders sein – die Richtlinien, die gerade offen auf meinem Schreibtisch liegen. Eine heiße, braune Brühe hat sich gerade über diese ergossen und durchnässt langsam aber unaufhaltsam Seite um Seite.

Leicht angesäuert stelle ich die Tasse auf den Schreibtisch und bringe dabei auch noch Kaffee an meine Gesetze. Jetzt stehe ich kurz vor einer Explosion. Ich trockne die Richtlinien notdürftig ab, und werfe sie wutentbrannt gegen den Kleiderschrank! Und den moralischen Verursacher, meinen großen, schweren Schreibtischstuhl, schicke ich mit einem gezielten Tritt gleich hinterher.

Zu spät erinnere ich mich daran, dass unser Kleiderschrank ein nicht billiger Markenschrank und vielleicht auch deshalb mit Glas bestückt ist, als sowohl Richtlinien und Stuhl auf direktem Wege und unaufhaltsam auf diesen zusteuern.

Doch inmitten meines Wutanfalls kehrt unerwartet und plötzlich das Glück auf meine Seite zurück. Es gibt zwar einen lauten

Knall, aber das Glas und auch der Rest des Schrankes bleiben unversehrt.

Im Gegensatz zu meinen Richtlinien. Aber, ganz ehrlich, das ist mir jetzt auch egal. Erstens sind diese billiger als ein neuer Kleiderschrank und zweitens muss ich nun auch Lysann nicht erklären, was mit dem Glas an unserem Kleiderschrank passiert ist.

Neben den Richtlinien kann ich mir nun auch gleich die Gesetze und Erlasse wieder aufs Neue bestellen. Immerhin muss ich weder dem Buchhändler noch dem Finanzamt bei der Erstellung meiner eigenen Steuererklärung darlegen, warum ich so viele Gesetzesbücher benötige.

Nachdem der Kaffee getrocknet ist, mein Stuhl wieder am richtigen Platz steht, und ich anfange, mich zu beruhigen, telefoniere ich kurzerhand mit meinem Bruder. Und Mr. Psychotherapeut attestiert mir doch glatt, dass ich nah vor der Einweisung in eine geschlossene Anstalt stünde, so panisch wie ich wäre.

Und was soll ich sagen?

Der Herr hat Recht!

15. 4. 2007 – Die Nerven beruhigen sich

Meine Nerven habe ich wieder fest im Griff! Nach der zweiten Probeklausur am Samstag habe ich das Gefühl, der Sache endgültig gewachsen zu sein und bin der festen Überzeugung, dass bei dieser Prüfung einzig der Wille entscheidet.

Die Personen, die mir vor dieser zweiten Klausur sagten, dass sie nicht all zu viel getan hätten, bzw. dass ich mich total verrückt machen würde, waren gestern auch die Personen, die während der Klausur am wenigsten geschrieben haben oder nur ahnungslos in der Gegend umherschauten. Wenn man sie in der Vergangenheit fragte, ob sie mittlerweile täglich lernen, bekam man meistens nur die Antwort, dass sie nicht allzu viel gemacht hätten, aber dafür hier und dort waren oder dieses und jenes gesehen und erlebt hätten. „Wozu braucht man in der Praxis schon den Rentenerlass?"

Es trägt zur Verbesserung meiner Stimmung bei, dass genau diese Leute nur einen Teilbereich der Klausur lösen konnten und die meiste Zeit damit verbrachten, still auf ihre Blätter zu schauen oder das zu tun, was sie zu Hause schon längst hätten tun können: den Erlass in aller Ruhe lesen.

Welch eine Genugtuung!

Ich erlebe einen wahren Motivationsschub! Zum ersten Mal zeigt sich, dass sich aus meiner mühseligen Vorarbeit auch wirklich Früchte ernten lassen und mir in Klausuren einen Vorteil verschaffen. Ich konnte immerhin knapp 75 % der Klausur bearbeiten, was im Vergleich zum letzten Mal, als ich nur zwei Drittel bearbeiten konnte, eine leichte Steigerung ist. Auch wenn ich wieder nicht alles geschafft habe, und bei der Rückgabe der Klausur in zwei Wochen meine erste Fünf kassieren sollte, die allerdings auch wieder besser als der Schnitt war, so hatte diese Klausur eine enorm positive Wirkung auf meine Motivation. Sie hat mir gezeigt, dass ich vorankomme und dass ich dank meines Fleißes mittlerweile auch Sachverhalte lösen kann, an denen andere mit besserer Vorbildung scheitern.

Letzten Endes entscheidet eben doch der Wille und nicht die Vorbildung über das Bestehen in diesem Examen. Ein Dozent sagte mir vor ein paar Tagen auch noch, dass ich froh sein solle, „nicht praxisversaut“ zu sein, sondern frisch von der Hochschule. Er hat gar nicht so Unrecht.

Das soll nicht heißen, dass Studierte bei der Bewältigung dieses Examens im Vorteil sind, das glaube ich nicht. Aber jeder hat sein Säckchen zu tragen. Ich kämpfe eben mit zu wenig Erfahrung in der Praxis und auch mit zu wenig Basiswissen, aber all die Praktiker kämpfen mit der Klausurtechnik sowie gegen ihre theorieuntauglichen Gepflogenheiten aus der Praxis.

Auch Hans-Peter hat dazu beigetragen, dass sich meine Nerven beruhigt haben, denn auch er hatte seine ersten Panikattacken. Dass muss man sich wirklich erst mal bewusst machen!

Der Mann hat jahrelange Berufserfahrung in der Finanzverwaltung im Bereich der Betriebsprüfung und verzweifelt genauso an den Aufgaben in den Probeklausuren wie ich.

Das macht mir echt Hoffnung!

Auch er berichtete mir von seiner Panikattacke, dass er zu wenig lernen würde, obwohl er zu denen im Kurs gehört, die von Anfang an am Ball geblieben sind. Dass wir beide die gleichen Ängste haben, brachte uns erst einmal zum Lachen. Aber wahrscheinlich war er genauso erleichtert wie ich, jemanden gefunden zu haben, der wie er denkt.

Im Grunde waren wir beide froh, dass wir die Erkenntnis, so früh und so viel wie möglich zu lernen, bereits in diesem Stadium der Vorbereitung hatten. Wir hatten das Gefühl, auf einem guten Weg zu sein. Wichtig ist doch, dass man sich am Ende der Vorbereitung selbst nichts vorwerfen darf.

Man muss sich nur mal vorstellen, was passiert wäre, wenn sich diese Erkenntnis erst im August oder im September, wenige Wochen vor dem schriftlichen Examen, durchgesetzt hätte. Wenn ich mit meiner akribischen Aufarbeitung schon so panisch bin, was wäre wohl dann passiert? Wahrscheinlich hätte ich dann völlig die Nerven verloren.

Eine Erkenntnis der letzten Tage kann man allerdings getrost vergessen: Konzentriert man sich nur auf die wichtigen Themen, wird man geradezu depressiv! Ohne dass einem ein Dozent erklärt, warum, wieso und weshalb Sonderbetriebsvermögen bei der GmbH & Co. KG das Ein und Alles ist, oder warum die Gründung und Beendigung, der Austritt oder die Aufnahme einer natürlichen Person in eine Personengesellschaft so zu laufen hat, wie sie zu laufen hat, hat man das Gefühl, ein unwissendes, kleines Etwas zu sein.

Aber selbst wenn man nicht alles versteht, ist es wirklich hilfreich, alle Skripte zumindest schon einmal gelesen, bearbeitet und sich im besten Falle seine Gedanken dazu gemacht zu haben. Oftmals versteht man die Thematik vom Grundsatz her, man weiß aber nicht, wo die Knackpunkte liegen und was wirklich entscheidend ist und was nicht. Das sagt mir später hoffentlich der Dozent!

Wenn man die Grundprobleme schon kennt, bevor sie der Dozent in einem Tempo herunterrasselt, das aufmerksames Mitdenken fast unmöglich macht, hat man wesentlich weniger Probleme, die wirklich wichtigen Dinge mitzunehmen. Und was noch viel wichtiger ist: Man kann sie einordnen und sich merken. In solchen Momenten versteht man auch, dass es gerechtfertig ist, dass man laut Steuerberatergesetz mindestens eine zweijährige Berufserfahrung mitbringen muss, um dieses Examen schreiben zu dürfen. Wenn man nicht zumindest annähernd weiß, von was die Dozenten reden, hat man keine Chance.

Der Sonntag nach dieser zweiten Klausur war für mich ein denkwürdiger Tag! Zum ersten Mal seit Wochen habe ich mir einen kompletten Tag frei genommen und habe einfach mal die Seele baumeln und die Steuergesetze liegen lassen.

Ob ich ein schlechtes Gewissen habe? Nein!

Im Kopf war ich zwar irgendwo in den Gesetzen und Skripten, doch zum Ausgleich unternahmen Lysann und ich eine Fahrradtour zu einem Italiener, um anschließend nach Pizza, Grappa und Tiramisu Richtung Badesee weiterzufahren. Und das tatsächlich bei bestem Wetter! *Welch eine Belohnung für die Strapazen der letzten Wochen.* Es gibt also doch noch ein Leben außerhalb des Steuerrechts.

Für diese Erkenntnis habe ich nun knapp ein halbes Jahr und viele Panikattacken benötigt. Aber sie kam! Und dafür, dass ich heute keine brennenden Augen vom angestrengten Lesen habe, habe ich mir zum Ausgleich einen schönen Sonnenbrand geholt, weil es knappe 30 Grad im April waren und ich die letzten Monate aufgrund der schützenden Decke über meinem Arbeitszimmer keine Sonne gesehen habe.

Immerhin kann Lysann jetzt nicht mehr lästern, dass man mich nicht sieht, wenn ich mich vor eine weiße Wand stelle, weil meine Gesichtsfarbe dieser nun nicht mehr entspricht. Dafür kann ich jetzt meinen Arm neben die roten Einbände der Gesetzestexte strecken und mich mit lachendem Auge als verlängerten Arm des Gesetzes betrachten.

Und um mir wirklich mal wieder etwas zu gönnen, werde ich am Freitag anlässlich des Junggesellenabschieds von Uli nach Litauen fliegen. Auch wenn das vor zwei Wochen noch ganz anders geklungen hat, aber von einem schlechten Gewissen, dass ich zwei Tage lang nichts machen werde, fehlt bisher jede Spur. Ich sollte mich zwar später dabei ertappen, wie ich abends vor dem Abflug noch ein Skript am Flughafen gelesen habe, um zumindest irgendetwas getan zu haben, aber zählt man nur den Samstag und den Sonntag, war das ein komplett steuerfreies Wochenende. Die plötzlich frei werdende Zeit nutzte ich zum Kennenlernen der litauischen Ess- und Trinkgewohnheiten und um meinen Kopf mal endlich wieder frei zu bekommen. Außerdem war es eine schöne

Sache, seine alten Freunde aus dem Studium wieder einmal zu sehen. Immerhin trennen mich 400 km von meinem Studienort und damit auch von den meisten meiner Kommilitonen.

Diese Tage haben mir bewusst gemacht, dass man sich ab und zu selbst belohnen muss. Man kann nicht monatelang immer nur Vollgas geben. Ich muss meiner Seele auch Zeit zum Entspannen und Sammeln neuer Eindrücke bieten und es ist egal, was die anderen darüber denken und sagen.

Der April hatte für mich, nach einer langen Durststrecke, endlich mal wieder schöne Momente zu bieten. Der aufziehende Frühling bescherte auch meiner Gefühlswelt einen warmen, farbenreichen Horizont. Nach all der Panik und der vielen Arbeit in den letzten Monaten sehe ich mich auf dem richtigen Weg. Und das fühlt sich sehr, sehr gut an.

Bis zum heutigen Tage kann ich mir nichts vorwerfen. Und eigentlich habe ich momentan auch wirklich nur ein Problem: Die Eintracht ist mittlerweile nur noch einen Punkt vom Abstiegsrang entfernt. Und an dieser Stelle darf ich daran erinnern, dass die Eintracht lieber nicht absteigen sollte, denn das hatte in meinem bisherigen Leben schließlich schon einmal negative Konsequenzen.

Aber auch hier bin ich mir sicher: Dieses Mal wird es uns nicht erwischen!

12. 5. 2007 – Kehrtwende

Ich komme tatsächlich voran! Das von mir errechnete Pensum von 20 Seiten pro Tag bei 5.000 Seiten Papier insgesamt stellt sich zwar als durchaus schwierig dar, aber: es geht! Meine innere Stimmung hat sich gedreht und strahlt nun mit einem hoffnungsfrohen Lächeln. Die Gewissheit im Rücken, drei Wochen im Juni durch meine beim Arbeitgeber gewünschte und auch großzügig gewährte Freistellung komplett für mich zu haben und Großteile der Skripte schon jetzt zumindest gelesen zu haben, lässt mich aufatmen.

Mittlerweile habe ich über 90 % der Skripte zum Einkommensteuerrecht und 50 % der Bilanzsteuerrechtskripte gelesen. Das war vor allen Dingen auch deshalb möglich, weil mein Kursanbieter die Möglichkeit bietet, die Skripte zumindest teilweise schon Monate im Voraus zu beziehen. Das wirklich Hilfreiche an dieser massiven Vorarbeit ist aber, dass ich die Skripte später durch den dann vortragenden Dozenten noch einmal erklärt bekomme.

Der Gedanke daran verschafft mir eine tiefe innere Zufriedenheit. Durch das viele Lesen und Vorarbeiten ist es mir in der bisher achtmonatigen Vorbereitung gelungen, einen akzeptablen Wissenssockel zu erarbeiten. Ich verstehe zwar nach wie vor nicht alles, aber ich weiß zumindest, worum es geht. Und diese Gewissheit verschafft mir augenblicklich eine innere Ruhe, die mich von dem einen oder anderen Kursteilnehmer abhebt. Dadurch bin ich mir zum ersten Mal während der kompletten Vorbereitung sicher, dieses Examen zu bestehen!

Während einige der anderen Kursteilnehmer erst jetzt so langsam erwachen und merken, dass ihnen die Zeit davon läuft, kann ich mich auch schon mal entspannt zurücklehnen und mir sagen, dass ich die letzten Monate viel gearbeitet habe. Mittlerweile ist mir auch klar geworden, dass ich auf das Gerede der anderen keinen Wert legen darf. Ich muss mir selbst vertrauen und darf mich nicht verbiegen. Ich muss das tun, was ich am besten kann. Und ich muss es so tun, wie ich es am besten kann. Und wenn ich denke, ich brauche eine Pause, dann brauche ich eben eine Pause. Ich darf nur eines nicht verlieren: den roten Faden meines Masterplans.

Julian und Andy haben mittlerweile auch damit aufgehört, mir ständig zu sagen, dass ich mehr lernen soll. Vielleicht haben sie sich daran erinnert, wie es ihnen wohl ergangen wäre, wenn sie in ihrer Prüfungsvorbereitung ständig solche Sprüche gedrückt bekommen hätten. Oder sie haben gesehen, dass ich wirklich alles dafür tue, dieses Examen im Erstanlauf zu bestehen. Was auch immer dazu führte, dass die Sprüche weniger wurden, ohne ständige Spitzen von außen lernt es sich eindeutig besser. Nach meinem echten Motivationsloch Anfang April sitze ich mittlerweile auch wieder täglich und vor allen Dingen motiviert vor meinen Skripten. Von meinem anfänglichen Plan, unter der Woche nur Dienstag, Mittwoch und Donnerstag etwas zu lernen, ist nicht mehr viel übrig geblieben. Den Tanzkurs haben Lysann und ich gekündigt, weil wir uns nur noch gegenseitig in die Haare bekommen haben, wer nun welchen Fuß falsch oder eben auf den Fuß des Partners gestellt hat.

Beliebt waren dabei auch die Diskussionen, wer nun Taktgefühl hat und wer nicht. Dazu will ich nur eines sagen: Jahrelang bin ich in meiner Jugend in die Tanzschule gegangen und habe alle Kurse besucht, die angeboten wurden. Ich war Gastherr in den Kursen, ab und zu auch Vortänzer. Und wen bekomme ich zur Freundin? Die einzige Frau, die nur wegen ihres Freundes zur Tanzschule geht und diesem auch noch vorwirft, er könne keinen Takt halten. Nur fürs Protokoll: Ich liebe diese Frau!

Auch der Sport hat einen großen Teil dazu beigetragen, dass ich mich stark genug für diese Prüfung fühle. Nach meinem ersten Ritt auf der großen Panikwelle rund ums Osterwochenende bin ich nicht nur an jedem Wochenendtag um 7.00 Uhr aufgestanden, um zu lernen, ich bin auch täglich mindestens eine halbe Stunde laufen gewesen. Es ist unglaublich, wie es die Seele dem Körper dankt, wenn er sich nur ausreichend bewegt. Das Laufen sorgte nicht nur dafür, dass der dicke Kopf sich wieder normal anfühlt, er fühlt sich danach auch richtig befreit von all dem Ballast, der sich anstaut, wenn man den ganzen Tag nur Kopfarbeit verrichtet. Und schließlich gibt ein intakter Kreislauf dem Körper die nötige Energie für die abendliche Lerneinheit, die dann plötzlich nicht nur Spaß macht, sondern auch effektiv ist.

Was bringt mir schließlich das beruhigte Gewissen, wenn ich weiß, ich habe fünf Stunden am Stück gelernt, aber allenfalls ein Drittel des Stoffs behalten. Wenn ich nach dem Sport für die gleiche Materie weniger Zeit brauche, aber mir dafür mehr behalten kann, ist es doch offensichtlich, dass der Körper diesen Ausgleich braucht.

Außerdem bin ich zu der Erkenntnis gelangt, dass es mir nichts bringt, mich innerlich gegen die Vorbereitungszeit zu wehren und mit dem Schicksal der vielen einsamen und monotonen Stunden zu hadern. Die Zeit der Vorbereitung ist nun einmal steinig und bringt nur selten das Gefühl, voranzukommen. Aber wenn die Vorbereitungszeit letztlich nur motivierend wäre, würde auch ein jeder dieses Examen bestehen.

Diese Motivationslöcher und langen Phasen des Stillstands zu überstehen gehört sicherlich zu den Geheimnissen eines erfolgreichen Abschneidens. Also sollte ich mich mit diesen Phasen anfreunden und versuchen, mich auf die wenigen, aber ertragreichen großen Schritte zu freuen.

George Leonard sieht solche Prozesse als eine Art Lebensmeisterschaft an, wobei Meisterschaft für Leonard einen Prozess darstellt, der sich jedem Menschen öffnet, der bereit ist, diesen Weg zu gehen und auch bereit ist, auf diesem zu bleiben.

Die Grundidee basiert darauf, dass das Leben sich wie eine Art Treppe verhält. Motivierend für das Leben ist dabei jeweils das Überschreiten einer Stufe, die uns auf eine höhere Ebene führt. Dieses Überschreiten stellt die Belohnung dar für die Bemühungen, die man unternimmt, um ein Ziel zu erreichen.

Jedoch sind diese Stufen rar gesät, und der Mensch muss in der meisten Zeit seines Lebens Vorlieb damit nehmen, dass er sich auf Plateaus befindet, die ihn augenblicklich nicht weiter bringen. Um den Weg des Meisters zu gehen, muss man „fleißig üben, sich bemühen, seine Fähigkeiten ... verbessern, um immer kompetenter zu werden".[2]

Hierbei muss man akzeptieren, dass man sich die meiste Zeit seines Lebens auf Plateaus zwischen den Stufen befindet. Um die Meisterschaft zu bestehen, muss man willens sein, die meiste Zeit seines Lebens auf solchen Plateaus zu verbringen, auch wenn es so aussieht, als ob man auf der Stelle tritt.

Auch ein Reinhold Messner weiß, wovon er spricht, wenn er darüber schreibt, warum man zäh und leidenschaftlich sein muss, um Ziele zu erreichen:

„Die Kraft wächst langsam im Herzen eines Einzelgängers. Sie muss wachsen wie Liebe. Wenn diese zur Leidenschaft gewordene Kraft fehlt, wird alles Tun zur Berechnung, die Entschlossenheit bleibt eine Sache des Verstandes. Und was hat der Verstand dem tödlichen Risiko durch Lawinen, Gletscherspalten und Erschöpfung entgegenzusetzen?

Zu wenig.

Härte, besonders Härte gegen sich selbst, kann man nicht von heute auf morgen erlernen. Gebündelte Energie speichert sich nur in der langen Zeit des Wartens, des Hoffens, des Träumens. Erst wenn die Idee zur Leidenschaft geworden ist, bricht sie sich Bahn. Alle Leidenschaft aber verpufft, wenn keine Willenskraft da ist, und diese Willenskraft muss zu Ausdauer werden, zu einer Zähigkeit, der kein Hindernis mehr unüberwindlich scheint".[3]

Auch ich habe festgestellt, dass ich mich die meiste Zeit auf Plateaus bewege, kaum vorankomme und letztlich nur über den ausgeprägten Wunsch, dieses Examen zu bestehen, den Willen ver-

---

[2] Leonard, Der längere Atem, S. 30

[3] Messner, Everest Solo, S. 31 ff.

spüre, weiter zu machen. Und durch die vielen kleinen, von außen kaum messbaren Fortschritte, bin ich mir sicher, dass ich weiß, von was diese beiden Herren reden.

8. 6. 2007 – Das Asthma kehrt zurück

Keine vier Wochen nach meinem Gefühlshoch befinde ich mich wieder in einem emotionalen Loch. Ich kann mich nicht mehr motivieren mich hinzusetzen und auch nur irgendetwas für dieses Examen zu tun.

Spätestens seitdem ich Pfingstmontag um 5.00 Uhr in der Früh aufgewacht bin und aufgrund meiner geschwollenen Bronchien mich selbst mal wieder habe pfeifen hören, weiß ich: Auch wenn ich mich momentan auf dem richtigen Weg fühle, das Examen lastet nach wie vor schwer auf meiner Seele.

Mein HNO-Arzt nennt die geschwollenen Bronchien „stressbedingtes, allergisches Asthma". Lysann hingegen nennt das einfach nur „das große Pfeifen".

Aufgrund des Gräserpollenflugs habe ich nun wieder öfter leichtere Asthmaanfälle, meistens am frühen Morgen. Dann wache ich auf, bekomme kaum Luft und höre die Luft durch meine verengten Bronchien strömen. Dank meines Kortisonsprays ist das zwar alles nicht dramatisch, aber es nervt.

Eines wird mir mit den zunehmenden Atemproblemen schlagartig bewusst: Diese Prüfungsvorbereitung ist ein einziges Auf und Ab!

Ich unternehme wieder etwas mehr mit Lysann, drücke mich vor dem Lernen, indem ich in der Küche helfe oder viel zu lange fernsehe. Und wenn ich doch mal am Schreibtisch sitze, bin ich wenig effektiv und überfliege lediglich die vor mir liegenden Skripte.

Was mache ich hier eigentlich? Manchmal empfinde ich diese ganze Lernerei als sinnlos.

Ich lerne seit Oktober, habe mittlerweile mehr als 2.000 Skriptseiten durchgearbeitet, so gut wie alle Wochenenden geopfert und unzählige Stunden in meinem Arbeitszimmer verbracht. Montagmorgens stand ich in aller Regel mit Augen, die von der Anstrengung übers Wochenende rot eingefärbt waren, im Büro und fragte mich: *Wo ist mein Wochenende, und wo ist meine Entspannung geblieben?* Ich glaube, es ist Zeit, an eine echte Auszeit zu denken!

Mittlerweile ist es Anfang Juni und ich bin vom Büro freigestellt. Die Doppelbelastung durch Vorbereitung und 40-Stunden-Woche ist nun endgültig vorbei, und ich kann mich voll und ganz auf das Examen konzentrieren. Eigentlich müsste ich mich über diesen Umstand freuen, doch die Realität sieht anders aus.

Zum Glück fahren wir noch im Juni eine Woche an den Gardasee und können einfach mal wieder die Seele baumeln lassen. Doch bis dahin will ich die verbleibenden Tage nutzen und mich weiter durch die Skripte arbeiten. Und wenn möglich, will ich einige Klausuren eines anderen großen Anbieters lösen.

So sitze ich nun Tag für Tag und schreibe morgens eine Klausur im Schnelldurchgang, indem ich einfach keine Sätze ausformuliere, sondern mir lediglich Stichpunkte mache. Und jeden Nachmittag nehme ich ein paar Skripte zu gewissen Themengebieten zur Hand, die ich mir für die freie Zeit aufgehoben habe. Das sind in aller Regel die Themenkomplexe, dir mir für ein abendliches Durcharbeiten zu kompliziert waren, und die ich mir gezielt für diese freien Tage aufgehoben habe.

Dass ich beim Lösen der Klausuren anhand der Musterlösung allerdings regelmäßig nicht mal nach meiner eigenen Zählweise auf 50 % der Punkte komme, lässt mich Tag für Tag schlechter gelaunt werden. Von meinem Chef bekomme ich hierfür jedoch kein Verständnis. „Alles andere wäre zum jetzigen Zeitpunkt nicht normal.“ Vielleicht hat er ja Recht.

Gestern war ich noch bei einem genialen Konzert in Frankfurt und habe mit mehreren Kollegen einen wirklich tollen Abend bei Herbert Grönemeyer verbracht. Und heute sitze ich wieder in meinem grauen Alltag und lasse mir von der Musterlösung bescheinigen, dass ich emotional noch nicht so hoch fliegen sollte.

Vielleicht war der Ausflug in die schönen Seiten des Lebens einfach zu viel für mein vom Steuerrecht durchdrungenes Gehirn? Und nachdem mir auch Lysann noch vorwirft, dass ich mich wohl überhaupt nicht mehr am Haushalt beteilige, legt sich bei mir der emotionale Schalter komplett um. Schlechte Laune hat einen Namen: meinen!

Nicht nur, dass meine Vorbereitung einen Hänger hat, jetzt leidet auch noch meine Beziehung. Es gibt momentan nur eine Hoffnung: Die Eintracht hat den Klassenerhalt geschafft und ist zu unser beider Glück nicht abgestiegen. Ich hoffe, dass zumindest das ein gutes Zeichen ist.

Auch wenn ich Lysann am nächsten Tag einen großen Blumenstrauß gekauft und sie zum Lieblingsitaliener eingeladen habe: Das Ganze wollte ich nicht nur als Entschuldigung verstanden haben, sondern auch als Vorwarnung. Vorsicht, bissig! Die nächsten Monate könnten noch lustig werden!

Teil III – Die zweite Vorbereitungshälfte

2. 7. bis 8. 9. 2007 – Der Vollzeitkurs

Mit dem Vollzeitkurs begann das einfache Leben: essen, lernen, schlafen! Der Alltag fühlte sich zwar wieder an wie der von Phil in Punxsutawney, war aber aufgrund der vielen Kontakte im Kurs und der nur noch einseitigen Belastung ohne 40-Stunden-Woche im Büro nicht mehr ganz so albtraumhaft.

An jedem Tag von Montag bis Samstag hieß es zwischen 9.00 und 13.00 Uhr: Steuern, Steuern, Steuern. Die Dozenten redeten gebetsmühlenartig, erklärten, gestikulierten, malten Folien oder zeigten eine PowerPoint-Präsentation nach der nächsten. Wir versuchten mit dem Tempo Schritt zu halten, schrieben Notizen und stellten Fragen. Oftmals waren wir aber einfach nur froh, wenn endlich wieder Pause war und eine warme Tasse Kaffee unsere Augenlider wieder Richtung Stirn schieben sollte.

Die Anspannung nahm zu Beginn des Kurses eher ab, was ich hauptsächlich auf zwei Punkte zurückführte: Erstens konnte man sich nun voll und ganz auf das Examen konzentrieren und war unter seinesgleichen. Zusammen leiden ist nun einmal einfach schöner. Zweitens konnte ich auf neun Monate intensive Vorarbeit zurückschauen, die mir das Gefühl gaben, zumindest bis zum heutigen Tage mein bestmögliches getan zu haben. Dass ich in der ersten Vorbereitungshälfte viele Nerven gelassen habe ist unbestritten, aber vielleicht habe ich damit auch einfach nur der Belastung im Sommer vorgegriffen.

Dienstags und donnerstags wurden im Vollzeitkurs nachmittags unter Aufsicht Klausuren geschrieben. Nach einem Vormittag geballten Steuerrechts und einem Nachmittag Klausurenschreiben war ich danach meistens froh, überhaupt noch geradeaus denken zu können und den Nachhauseweg zu finden. Relativ schnell stellte sich heraus, dass das Schreiben der Probeklausuren das Wichtigste während des kompletten Vollzeitkurses war. Nur durch diese konnte man erahnen, auf welchem Niveau man sich befand und welche Fortschritte man im Vergleich zu früheren Klausuren machte. Auch zeigte sich hier, ob man die Vortragsthemen der Dozenten verstanden hatte und das neu erworbene Wissen durch Lösen verschiedenster Sachverhalte auch anwenden konnte.

Prägend waren in den Klausuren vor allen Dingen die imaginär gefühlten Faustschläge, die mich aus den immer wieder neuen und unvorstellbar undurchsichtigen Aufgabenstellungen sowie den korrigierten Klausuren trafen. Dachte ich im direkten Anschluss an das Schreiben einer Klausur „Eigentlich ganz gut gelaufen!", kam zwei Wochen später bei Rückgabe der Klausur der Faustschlag direkt ins Gesicht:

„Setzen! Sechs!"

Getreu dem Motto „Du denkst, du hast Ahnung? - Warte auf die Faust!", wurde mir wöchentlich zwei Mal gezeigt, dass es bis zu einer wirklich guten Klausur, die problemlos gelöst werden konnte, ein reichlich langer Weg bleiben dürfte. Für eine Person, die im Studium durch keine Klausur gefallen war und regelmäßig gute und sehr gute Noten schrieb, war das vor allen Dingen mental eine Umstellung. Im Studium konnte ich die Probeklausuren nur am Anfang des Semesters nicht lösen, am Ende aber schon. In der Examensvorbereitung sollte dieser Verbesserungsprozess wesentlich langsamer laufen und auch nach vielen Monaten Vorbereitung und Schreiben vieler Klausuren allenfalls in einer ausreichenden oder selten auch befriedigenden Note enden.

Relativ rasch beschränkte sich mein Anspruchsdenken deshalb darauf, nicht mehr die perfekte Klausur schreiben zu wollen, sondern lediglich zwei Dinge zu erreichen:

1. Ich wollte keine 5,0 mehr schreiben.
2. Wenn mir das schon nicht gelingen sollte, wollte ich zumindest besser als der Schnitt sein.

Hierzu bastelte ich mir wieder eine eigene Statistik, in der ich meine erreichten Punkte, die Gesamtpunktzahl der Klausur, meine Note und den Schnitt des Kurses eintrug. Damit war ich immer im

Stande, auf einen Blick zu sehen, ob ich meine vorgenommenen Ziele auch tatsächlich regelmäßig erreichte oder nicht.

Klausur	Punkte	von	%	Note	Schnitt
1	53,00	127	41,73 %	4,5	4,97
2	37,50	113	33,19 %	5,0	5,21
3	34,00	100	34,00 %	5,0	5,05
4	25,00	52	48,08 %	4,5	4,61
5	27,50	85	32,35 %	5,0	5,20
6	38,00	100	38,00 %	4,5	4,85
7	29,00	66	43,94 %	4,5	4,80
8	54,50	89	61,24 %	3,5	4,77
9	41,50	100	41,50 %	4,5	4,97
10	49,00	79	62,03 %	3,5	4,04
11	37,00	85	43,53 %	4,5	5,00
12	39,00	100	39,00 %	4,5	4,82
13	29,00	85	34,12 %	5,0	4,58
14	34,50	77	44,81 %	4,5	4,65
15	44,50	100	44,50 %	4,5	4,53
16	28,50	64	44,88 %	4,5	4,84
17	57,00	110	51,82 %	4,0	4,34
18	38,00	100	38,00 %	5,0	4,46
19	37,00	100	37,00 %	4,5	4,62
20	37,50	94	39,89 %	4,5	4,66
21	44,00	100	44,00 %	4,5	4,44
22	23,50	100	23,50 %	5,5	4,90
Im Schnitt:			41,87 %	4,55	4,74

In der Spalte „Note“ sind die Noten dann grau hinterlegt, wenn ich Ziel eins nicht erreicht haben sollte und eine schlechtere Note als 4,5 schrieb. In der Spalte „Schnitt“ sind die Felder dann grau hinterlegt, wenn ich Ziel zwei nicht erreichen sollte und meine Note schlechter als der Schnitt war.

Ich erreichte im Vollzeitkurs im Schnitt 41,87 % der Punkte, was natürlich stark verbesserungsbedürftig war, aber im Examen einer Note von 4,5 entsprach. Es bestanden also realistische Bestehenschancen für das schriftliche Examen.

Nur sechs von 22 Klausuren schrieb ich schlechter als 4,5. Das war für mich ein starkes Ergebnis, auf dem ich aufbauen konnte. Ich war nur in vier Klausuren schlechter als der Durchschnitt aller Teilnehmer. Auch das war für mich ein Signal, dass ich absolut realistische Chancen haben werde, dieses Examen tatsächlich zu bestehen.

Um die Tabelle übersichtlicher zu machen, erstellte ich mir eine Grafik. Dass ich in der letzten Klausur meine schlechteste Note schreiben sollte, führte mir noch einmal klar vor Augen, dass es trotz guter Vorbereitung auch mal schief gehen kann.

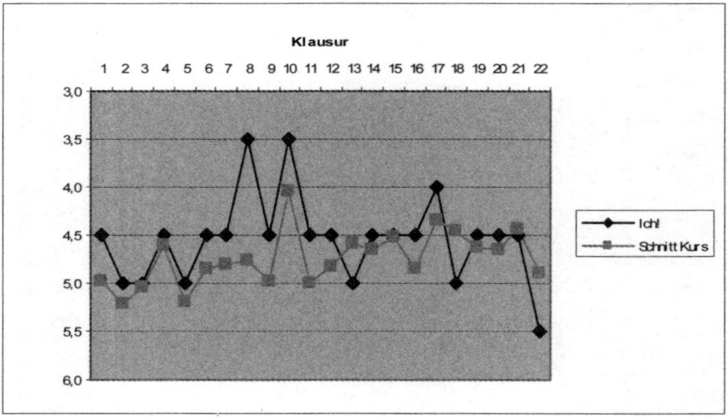

Das Wichtigste beim Lösen der Klausuren war, strukturiert vorzugehen. Um mit den Klausuren halbwegs fertig zu werden, musste ich mir nach meinen ersten Erfahrungen, in denen ich noch Klausurteile in größerem Umfang aus Zeitgründen nicht bearbeiten konnte, etwas in Sachen Herangehensweise überlegen. Hierbei stellte sich beispielsweise heraus, dass das Zeichnen von Skizzen eine enorme Hilfe sein sollte. Zwar lächelte ich beim ersten Hören dieser Idee noch leise in mich hinein und war eher der Meinung, dass dies reine Zeitverschwendung sei, doch nach mehrmaligem Ausprobieren stellte ich fest, dass Skizzen tatsächlich enorme Vorteile boten.

Der entscheidende Vorteil dabei war, dass man durch das Erstellen der Skizze den Fall erst einmal in den wesentlichen Punkten durchdenken musste. Dadurch ersparte man sich viele ärgerliche und nervenaufreibende Fehlversuche, wenn man beispielsweise noch beim Niederschreiben merkte, dass man sich auf einer falschen Fährte befand und die letzten Minuten reine Zeitverschwendung gewesen waren.

Durch das Niederskizzieren des Durchdachten hatte man den Sachverhalt auch immer bildlich vor Augen. So konnte man unliebsame Verwechslungen vermeiden, da in den Klausuren immer ähnlich klingende Namen wie A-GmbH und B-KG verwendet wurden. Die drei Minuten für das Skizzieren des Falles waren da ein Klacks gegen das 15-minütige, erneute Niederschreiben der Lösung, wenn ich wieder von vorne anfangen musste.

Ein weiterer extremer Vorteil war, dass man sich anhand der Skizze am Fall entlang arbeiten konnte. Dies glich immer einem „in Worte fassen“ der Zeichnung. Ausgehend vom zentralen Punkt der Fragestellung konnte man alle Verbindungen und Besonderheiten des Falles der Reihe, oder vielmehr „den Strichen nach“ abarbeiten. Das war zum einen praktisch für die eigene Organisation und vermittelte darüber hinaus auch einem Korrektor, dass man die Klausur systematisch löste. Und schließlich war es auch extrem hilfreich für das eigene Gewissen.

„Habe ich nicht etwas vergessen?“, wurde zu einer Frage, die ich mir im Laufe der Zeit immer seltener stellen musste.

Die Skizzen waren besonders in der Umsatzsteuer, dem Verfahrensrecht, aber auch bei den Ertragsteuerklausuren beliebte und legale Hilfsmittel. Bei den Ertragsteuerklausuren malte ich mir beispielsweise auch immer die Anteilsbesitze aller Gesellschafter zu den Gesellschaften auf, um bei gesellschafterbezogenen Fragen durch einen raschen Blick auf meine Skizze eine Antwort auf die Frage finden zu können, wer wo, wie, und seit wann an einer Gesellschaft beteiligt war.

Erspart wurde mir dadurch auch das ständige und zeitraubende Suchen nach wichtigen Details im Sachverhalt, was vor allem deswegen störend war, weil ich dadurch immer Gefahr lief, aus dem Konzept gebracht zu werden und Dinge miteinander zu verwechseln.

Der zweite entscheidende Punkt beim Abarbeiten der Klausur war das Hinführen zum Kern der Fragestellung durch kurze, aber präzise Angaben zu den Ausgangsdaten des Sachverhaltes. Diese „Fußgängerpunkte" waren immer ein Garant dafür, in jedem Sachverhalt zumindest ein paar Punkte zu bekommen. Zwar wurde es auf die Dauer wirklich langweilig, in jeder Klausur immer wieder bei Null anzufangen, Einleitungssätze zu schreiben und Steuerpflichten zu prüfen, doch durch das ständige Wiederholen wurde das geschult, was später mitentscheidend sein sollte: schnell und zielsicher die einfachen Punkte mitzunehmen. Manchmal kam man durch das Abarbeiten der Fußgängerpunkte gar zu einer Lösung, an die man am Anfang gar nicht gedacht hatte, die sich aber später als richtig erweisen sollte. Somit lernte ich, nicht immer auf mein Bauchgefühl, sondern auf den Gesetzestext und die Richtlinien zu hören. Selbst wenn es manchmal schwer fiel.

Auch hierzu boten die Skizzen eine enorme Hilfestellung, weil man sich an diesen orientieren und Haken setzen konnte, wen oder was man schon alles abgearbeitet hatte.

Das Schreiben der Klausuren war auch deswegen wichtig, weil sich die typischen Fallen am besten einprägen, wenn man mindestens einmal mit offenen Augen in diese hineingerannt war. Entweder erkannte ich die Fallen beim erstmaligen Bearbeiten nicht oder ich war einfach nur in dem Irrglauben, den Sachverhalt richtig verstanden zu haben. Ich will gar nicht wissen, wie viele Organschaften wir prüften und am Ende doch falsch lagen, oder wie viele

Sonderbetriebsvermögen wir angenommen hatten, am Ende aber doch durch den Korrektor und fehlende Punkte eines Besseren belehrt wurden.

Entscheidend war, dass ich mich jedes Mal aufs Neue in die Sachverhalte hineindenken und aufgrund eigener Überlegungen zu einer Lösung kommen musste. Dass diese dann oftmals falsch waren, war zwar im ersten Moment ärgerlich und auf die Dauer auch manchmal frustrierend, aber mit Blick auf den langen Lernprozess waren diese Momente genau genommen eher hilfreich. Denn nur so konnte ich im Nachgang zu einer Klausur begreifen, welchen Fehler ich gemacht hatte, und wie ich diesen in der nächsten Klausur vermeiden konnte.

All diese Aha-Momente kann man nicht erleben, wenn man sich im Hinblick auf zu große Wissenslücken dafür entscheidet, Klausuren nicht zu schreiben und lieber angehäuften Stoff nacharbeiten will. Zwar verhält es sich bei der Frage Klausur oder Lernen wie mit der Frage nach dem Huhn und dem Ei, weil man ohne Wissen auch keine Klausuren schreiben kann. Aber ohne das Schreiben der Klausuren weiß man einfach nicht, auf was es wirklich ankommt. Auch das erarbeitete Wissen kann sich ohne Anwendung sicherlich nicht ausreichend festigen und verlässt früher oder später still und leise das Langzeitgedächtnis durch die Hintertür. Besser war für mich daher immer, wenn ich mit einem gewissen Thema auch einen gewissen Sachverhalt in einer Klausur in Verbindung setzen konnte.

Sollte eine Klausur mal wider Erwarten gut ausgegangen sein, war man natürlich König für einen Tag! Ich kann mich an einen Tag erinnern, an dem es zwei Probeklausuren zurückgab. Zuerst fällt mir die Bilanzsteuerrechtklausur in die Hände: eine 4,5, und das bei einem Schnitt von 4,8. Mit meinen erreichten Punkten lag ich voll in der Mitte der Note: viel Platz nach oben, aber auch viel Platz nach unten.

Weiterhin gab es auch eine gemischte Klausur zurück. *Die war doch eigentlich auch ganz gut?* schoss es mir durch den Kopf. Ich suchte auf dem riesigen Stapel meinen Namen, fand ihn und schlug die letzte Seite auf, weil dort immer die Note stand. Ich traute meinen Augen nicht: 3,5.

Das ist der Hammer!!!

Das hätte ich nicht gedacht!

Hektisch schaute ich nach dem Schnitt: 4,77!

Das gibt es doch gar nicht!!!

Mein Körper verfiel blitzartig in einen Rauschzustand. Ich versuchte mein Adrenalin in den Keller zu reden mit Dingen wie „Das hat bestimmt gerade so zu dieser Note gelangt" aber die Bepunktung ließ meinen Adrenalinspiegel sofort wieder steigen: 1,5 Punkte mehr und ich hätte eine 3,0 geschrieben.

Für einen kurzen Moment schnappte ich nach Luft und versuchte zu verstehen. Es gelang mir nicht, doch dafür platzte mir vor lauter Stolz fast der Brustkorb. „So eine Note kann man doch gar nicht schreiben!" Es gab augenblicklich nur eine Erklärung: Ich musste gut sein. Ich musste besser sein, als alle anderen hier. Ach was:

ICH BIN G O T T ! ! !

In einem kurzen, aber verdammt intensiven Anflug von maßloser Überheblichkeit lenkte ich die Aufmerksamkeit meiner Sitznachbarn auf mich, deute mit den zwei längsten Zeigefingern, die ich jemals zu Stande gebracht hatte auf meine Brust und brachte ein

„Jungs, schwere Fälle bitte zu mir!", über die Lippen.

Gelächter und Entsetzen in den Augen meiner Nachbarn, doch das war mit egal! Diese Note brachte Endorphinausschüttungen mit sich, und das nicht zu knapp! Zum ersten Mal erahnte ich, was ein bestandenes Examen bedeuten könnte: Glücksgefühle! Freiheit! Ansehen und Reputation!

Selbstbestätigung und ein irrer Motivationsschub machten sich breit! Nicht ahnend jedoch, wie dicht Glück und Leid in der Vorbereitungsphase beisammen liegen, sollte ich in der nun anstehenden Klausur kläglich versagen und mit einer 5,0 nach Hause gehen. Bitter, aber so ist die Vorbereitungsphase nun mal.

Im Laufe der Vorbereitung entwickelte sich auch mit Julian ein regelmäßiger Wettkampf um die besseren Noten in den Probeklausuren, weil er seine Examensvorbereitung im vorherigen Jahr beim selben Anbieter wie ich gemacht hatte. Die Sache fiel zwar meistens zu seinen Gunsten aus. Aufgrund seiner Ausbildung zum Steuerfachangestellten und anschließenden Steuerwesen-Studium in Worms wäre alles andere vermutlich aber auch eine große Überraschung gewesen. Umso stärker fiel jedoch der Jubel aus, wenn ich ihn in einer Klausur überboten hatte!

Ein toller Nebeneffekt dieses Wettkampfes war, dass auch er im Laufe meiner Vorbereitung zu der Überzeugung kam, dass die 50 %-Bestehenswahrscheinlichkeit eventuell nicht ganz zutreffend war. Langsam aber sicher kam auch er zu dem Schluss, dass ich mich gar nicht so schlecht anstellte. Zwar pushten wir uns gegenseitig hoch, aber auch er zeigte sich fortan von einer anderen Seite. Wenn ich mal eine schlechte Note schrieb, hieß es jetzt nicht mehr, dass ich „mehr lernen muss", sondern, dass so etwas „schon mal passieren kann."

Das sah ich als echten Fortschritt an, weil er nun nicht mehr von oben herab mit dem Zeigefinger mahnte, sondern emotional auf einer Stufe mit mir stand. „Das schaffst du schon!" aus seinem Munde war für mich ein echtes Kompliment und Bestätigung zugleich. Er zeigte mir damit auf seine Art, dass ich mich auf dem richtigen Weg befand.

An den Tagen, an denen nachmittags keine Übungsklausuren geschrieben wurden, ging es im direkten Anschluss an den Kurs nach Hause oder ins Büro. Dort konnte ich in einem Besprechungszimmer im Keller lernen, wenn es zu heiß war, denn die Dachgeschosswohnung von Lysann und mir bietet mit ihren 30 Grad am Tag nun wahrlich keine guten Lernbedingungen.

Meistens war ich erst einmal Laufen oder Rennradfahren, um den Kopf frei zu bekommen. Danach ging es Tag für Tag noch einmal für ein paar Stunden an den Schreibtisch. Ich versuchte, stets einen gewissen Rhythmus beizubehalten und lernte lieber regelmäßig an jedem freien Nachmittag, als unregelmäßig die Nächte durch.

Ein wirkliches Plus war zu diesem Zeitpunkt bereits der Umstand, dass ich alle großen und wichtigen Themen durch den Vorabbezug der Skripte durch unseren Anbieter schon mindestens einmal zu Hause vorgearbeitet hatte und daher von den Dozenten oftmals nichts Neues mehr vorgetragen bekam.

Wie sich schnell herausstellte, hatten das mehrere Kursteilnehmer gemacht, denn auch sie hatten den einen oder anderen Anflug von leiser Panik im Laufe des Samstagskurses bekommen.

Gegen Ende des Vollzeitkurses im Allgemeinen und nach schweren Probeklausuren im Besonderen gab es aber auch oft Momente, in denen ich am liebsten alles hingeworfen hätte, weil ich absolut keine Lust mehr hatte oder der Akku einfach leer war. Befasst man sich an sechs Tagen die Woche von 9.00 bis 13.00 Uhr mit der geballten Ladung Steuerrecht und schreibt an zwei Tagen die Woche nachmittags Klausuren von 14.00 bis 19.00 Uhr, ist aber klar, dass man einfach nicht mehr 100 % geben kann. Irgendwann in der verbleibenden Zeit musste man schließlich auch noch nacharbeiten, sich um Freundin, Frau oder Kinder kümmern sowie versuchen, sich selbst nicht auch noch ganz zu vergessen. Zwar trieb ich nach wie vor regelmäßig Sport, doch konnte dieser die Belastung gegen Ende des Vollzeitkurses nur noch teilweise abfedern.

Der Vorsatz „Ganz oder gar nicht" fing an, mich richtig Kraft zu kosten. Aber auch das war ein Punkt, den die meisten Kursteilnehmer mit mir teilten. Die in meinem Kopf aufspielende Steuerrecht-Bigband sang hierzu immer wieder in Anlehnung an *harpo`s „moviestar"*:

„Steuerrecht, Steuerrecht, uhuuu, ich glaub mir wird ganz schlecht ...!"

Auch unsere Dozenten berücksichtigten dieses Phänomen:

„Die Schlacht ist bald geschlagen!", verkündete einer von ihnen vier Tage vor Ende des Kurses. Und das Wort „Schlacht" war an dieser Stelle nicht mal untertrieben. Wir alle fühlten uns langsam aber sicher ausgelaugt und kraftlos wie nach einem großen Kampf. Die Dozenten versuchten uns aufzubauen und gaben sich verständnisvoll, wenn die Motivation – und manche Augenlider – gegen Ende des Kurses schwerfällig wurden.

„Man muss nicht alles verstehen, man muss es nur wissen." Dieser Satz war zwar nicht wirklich hilfreich, aber immerhin ein Trost!

Die langsam schwindende Aufnahmefähigkeit, die gegen Ende des Vollzeitkurses wieder steigende Anspannung und das Wissen um das bevorstehende Examen führten irgendwann auch im kompletten Kurs zu einer gereizten Atmosphäre. Wer sich hier nicht Personen sucht, mit denen er wirklich klar kommt, eröffnet sich menschliche Nebenbaustellen, die in dieser Zeit kein Mensch braucht.

Obwohl viele von uns die letzten Monate gut und viel vorgearbeitet hatten, empfand nicht nur ich das Tempo der vortragenden Dozenten trotzdem noch immer als viel zu hoch. Die Skripte, die ich in meinem Arbeitszimmer mühsam in zwei Tagen vorbereitet hatte, wurden hier in zwei Stunden abgehandelt. Was machen in dieser Situation eigentlich Menschen, die völlig unvorbereitet diesen Kurs beginnen? Zeit zum Durchatmen bleibt schließlich kaum.

Bis zum Ende der Vorbereitung auf das schriftliche Examen sammelten sich 16 prall gefüllte, große Ordner mit handgezählten 5.062 Seiten Skript an. Die 5.000 Seiten, die ich mir im Laufe meiner Vorbereitung hochrechnete, waren also keinesfalls unrealistisch. Der Umfang entspricht summa summarum mehr als dem Volumen meines kompletten, achtsemestrigen BWL-Studiums.

Bedenkt man, dass sich die Vorbereitungszeit nicht über mehrere Jahre mit einem Präsenzstudiengang erstreckt, sondern im Wesentlichen ein Nebeneinander von Beruf, Vorbereitung und manchmal auch Familie ist, stellt dieses Examen für Unvorbereitete ein echtes Himmelfahrtskommando dar.

Basiswissen, Glück und starke Nerven

Mit dem Schreiben jeder weiteren Klausur konnte man irgendwann auch endlich das glauben, was einem die Dozenten und Freunde im Vorfeld oder während der Vorbereitungszeit immer und immer wieder erzählten. Um dieses Examen zu bestehen, benötigt man eigentlich nur drei Dinge:

1. Basiswissen,
2. Glück und
3. starke Nerven.

Basiswissen deshalb, weil man schnell lernt, dass es in jeder Klausur immer relativ leicht zu erarbeitende Punkte gibt: die Fußgängerpunkte! Hierunter fällt all das Grundlagenwissen wie sachliche und persönliche Steuerpflicht, Einkunftsart, Veranlagungsform, grundsätzliche Handelsrechts-, Bilanzansatz- und Bewertungsfragen, Unternehmereigenschaften etc. Diese Punkte konnte man in den Übungsklausuren immer relativ einfach sammeln und diese kosteten bei weitem auch nicht so viel Zeit wie die kniffligen Sachverhalte, die einen schier um den Verstand brachten.

„Der Weg ist das Ziel" wurde zur Devise. Auch der steilste Anstieg beginnt nun einmal immer am Fuße des Berges. Schwierige Sachverhalte im Examen bis ins letzte Detail zu lösen, wäre zum einen unrealistisch und zum anderen auch viel zu zeitraubend. Solche Vorhaben wollte ich mir immer für das Ende der Klausur aufsparen, wenn wider Erwarten Zeit hierfür übrig blieb.

Außerdem: Was bringt es mir, wenn ich einen superschweren Sachverhalt in zwei Stunden löse und dafür fünf Punkte kassiere? In der gleichen Zeit hätte ich in drei einfachen Sachverhalten 15 leicht mitzunehmende Punkte sammeln können.

Simon, mein Mentor und unser absoluter Steuerpapst, fiel trotz seines immensen Fachwissens zweimal durch das Examen. Erst im Nachhinein konnte er sich das irgendwann erklären. Sein Denken bestand darin, die Aufgaben so lange zu bearbeiten, bis diese auch wirklich bis ins letzte Detail gelöst waren. Dies führte jedoch nicht dazu, dass er die einfachen Punkte in den Klausuren mitnahm, sondern dass er sich stundenlang in Details verbiss. Und wenn er nach drei Stunden zu der Überzeugung kam, den Sachverhalt falsch gelöst zu haben, fing er wieder von vorne an, anstatt sich den restlichen Aufgaben zu widmen. Das spricht zwar für seinen Ehrgeiz und Sachverstand, doch das Examen hat er mit diesem Verhalten zweimal nicht bestanden. Erst in seinem dritten Anlauf sollte er bestehen, weil er in seinem Paradefach Ertragsteuern eine 2,5 schrieb, was eine unglaublich gute Note ist! Seinen Triumph konnte er mit dem zweiten entscheidenden Faktor erklären: Glück. Denn die Aufgaben waren genau das, was er konnte.

„Lieber spät als nie!", könnte man hierzu meinen, und seinen Titel hat gerade er wegen seiner fachlichen Kompetenz wirklich zu Recht, aber ich habe mich immer gefragt, ob es eine Mühe von zwei fehlgeschlagenen Anläufen über einen Zeitraum von mehreren Jahren auch wirklich wert war, oder ob man das nicht alles hätte schneller haben können.

Das Gefühl, dass man in diesem Examen wirklich ein wenig **Glück** bei der Aufgabenstellung benötigt, erhärtet sich auch, wenn man sich das Zitat vor Augen hält, welches Prof. Tipke im Jahre 1993 über einen kompletten Berufsstand einschließlich angehöriger Wissenschaft äußerte, dass „kein Steuerberater, kein Rechtsanwalt, kein Steuerbeamter, kein Steuerrichter, auch kein Steuerprofessor in der Lage ist, das ganze Steuerrecht bis ins letzte Detail zu überblicken."[4]

Diese Aussage besitzt auch heute noch ihre Gültigkeit und gilt erst recht für Examenskandidaten, die am Anfang ihrer Bildungsleiter stehen. Kein Teilnehmer ist in der Lage, eine Examensklausur komplett richtig zu lösen, alle Aufgaben zu kennen oder auch nur auf Anhieb mit ihnen richtig umgehen zu können.

---

[4] Vgl. Tipke, in: Die Steuerrechtsordnung, 1993, S. 1362

„Man muss auch mal Glück haben!", predigte einer der Dozenten später in der mündlichen Vorbereitung immer und immer wieder. Und dies zu Recht!

Zwar ist das Glück bekanntlich auf der Seite der Tüchtigen, erzwingen kann man es jedoch nicht. Man kann nicht darauf bauen, dass in den entscheidenden Klausuren im Oktober gerade die Themen kommen, die man kann. Die einzige Möglichkeit, dem Glück ein wenig auf die Sprünge zu helfen, besteht meiner Meinung nach darin, dass man lernen muss, in der vorgegebenen Zeit nicht alle Sachverhalte richtig zu lösen, sondern die meisten Punkte zu holen. Und dies erreicht man am besten mit einem großen Basiswissen.

Das Wissen um die Bedeutung des Glücks und des Basiswissens bedeutet auch, dass man in der Vorbereitungszeit lernen muss, über seinen eigenen Schatten zu springen. Insbesondere bei Themen, die man nicht auf Anhieb versteht, die unbequem oder auch langweilig sind, gilt es, sich trotz der größten Unlust zu überwinden und sich weiter einzuarbeiten. An diese quälenden Stunden wird man sich im Nachhinein erinnern und ein Bestehen des Examens an ihnen festmachen. Mir fallen viele Themen ein, bei denen das so war, allen voran Bilanzberichtigung, Umwandlungssteuerrecht oder auch das Sonderbetriebsvermögen bei Personengesellschaften.

Bei diesen Themen versagte ich in der Vorbereitung ein ums andere Mal, weil ich die Skripte nicht verstand und so auch in den Klausuren kein befriedigendes Ergebnis liefern konnte. Das war demotivierend und frustrierend, hatte aber auch sein Gutes: Ich bekam Angst davor, dass diese Themen in den Klausuren geprüft werden könnten. Also nahm ich mir die Skripte auch ein zweites oder drittes Mal zur Hand. So konnte ich das Glück zwar nicht erzwingen, aber ich konnte die Wahrscheinlichkeit minimieren, dass Themengebiete geprüft wurden, zu denen ich gar nichts wusste oder die ich aus Unlust immer zur Seite geschoben hatte.

„Man darf sich am Ende der Vorbereitung nichts vorwerfen lassen", wurde mir persönlich ein wichtiger Satz. Als Konsequenz hieraus kann man später auch mit ruhigem Gewissen sagen, dass einem das Glück, aber nicht der Wille gefehlt hat.

Das Glück als eine der Grundvoraussetzungen zum Bestehen des Examens sollte man im Laufe der Vorbereitung auch nicht durch faule Tricks ersetzen. Es bringt nichts, sich während des Schreibens der Probeklausuren mit anderen Teilnehmern abzusprechen oder diese gemeinsam zu lösen, im Examen muss man das schließlich auch alleine können. Es macht sicher nichts, wenn man das ein oder zwei Mal macht, aber wenn es zur Gewohnheit wird, befindet man sich auf dem falschen Weg. Genauso wenig bringt es etwas, sich oder anderen irgendetwas vorzumachen und mit angeblich guten Noten aufzutrumpfen. Zwar profiliert man sich dadurch über einen kurzen Zeitraum, am Ende kann man allerdings ganz schnell zum Verlierer werden.

Zwei Teilnehmer schrieben in den Vorbereitungsklausuren wirklich sensationelle Noten und hatten bei der Rückgabe sogar manchmal eine zwei vor dem Komma. Dass das einmal passiert, kann vorkommen. Wenn das aber zur Regel wird, kann das nur zwei Ursachen haben: Entweder man hat es hier mit den absoluten Überfliegern zu tun, oder es stimmt etwas nicht. Wie sich später herausstellen sollte, war deren Erfolgsgeheimnis ganz einfach. Sie hatten die Klausuren unseres Anbieters schon aus dem Vorjahreskurs zu Hause und arbeiteten sie am Wochenende vor. Das heißt: Immer wenn wir dienstags und donnerstags über den Klausuren schwitzten und diese versuchten zu lösen, schrieben die beiden die Lösung einfach aus ihrem Kurzzeitgedächtnis oder aus der Musterlösung unter dem Tisch ab.

Dies brachte ihnen zwar kurzzeitig einen gehörigen Respekt unsererseits ein, im Laufe der Zeit wuchsen jedoch die Zweifel an ihrer Glaubwürdigkeit. Während der eine von ihnen noch selbst feststellte, dass das eigentlich völliger Quatsch war und sich fortan auf das richtige Schreiben von Klausuren konzentrierte, ließ der zweite von seiner Art nicht ab. Mit mysteriösen Gründen trat dieser später aber zum Examen gar nicht erst an und hat es auch bis zum heutigen Tage nicht abgelegt.

Starke Nerven wiederum braucht man, um im Falle des nicht vorhandenen Glücks einfach nur die Ruhe zu bewahren, um aus einer bescheidenen Situation noch das Beste herauszuholen. Wer kennt das nicht? Man schlägt eine Klausur auf und sieht die erste Aufgabe, liest diese und kommt zu der Erkenntnis: Die mache ich wohl lieber am Schluss.

Wenn die nun nachfolgenden Aufgaben leichter werden, ist alles in bester Ordnung. Wenn man beim Anblick der nächsten Aufgaben jedoch genau das Gleiche denkt, wie beim Anblick der ersten Aufgabe, hat man ein echtes Problem.

Auch diese Situationen lassen sich in Übungsklausuren zumindest üben. Mein absolutes Hassthema in der Vorbereitung war das Thema Bilanzberichtigung. Ich hatte die Skripte mehrmals gelesen und wiederholt, aber wirklich verstanden hatte ich sie nie. Als die Thematik zum ersten Mal in einer Probeklausur behandelt wurde, dachte ich mir nur: Geh nach Hause und schau dir die Lösung in aller Ruhe an. Zum Glück habe ich das nicht gemacht.

Als ich mich dazu durchgerungen hatte, mit der Klausur anzufangen, hatte ich keine Ahnung, was ich da machte! Ich weiß nur noch, dass ich im Anschluss an die Klausur zu Eddie sagte:

„Das war mein ganz persönliches Armageddon!“

Es folgte schließlich auch die erste 5,0 seit langem, aber bei der Nachbereitung der Klausur anhand der Musterlösung gingen mir immerhin ein paar Lichter auf. Das führte zwar noch nicht zu einer Festbeleuchtung und einer besseren Note, aber es ging zumindest mal in kleinen Schritten voran.

Und um es mal mit den Worten von George Leonard zu sagen: Das war zwar noch lange keine Stufe, aber der Weg einer Meisterschaft ist nun mal mühsam.

Natürlich war es kein schönes Gefühl, von einer Klausur so maßlos überfordert zu sein, aber im Nachgang zu den meisten schwierigen Probeklausuren sollte sich herausstellen, dass alle Kandidaten ihre Schwierigkeiten hatten. Und wenn alle Kandidaten wenige Punkte haben, gewinnt eben der, der die entscheidenden zwei Punkte mehr holt. Und die holt man nur, wenn man wirklich alles versucht hat!

Ein letztes Opfer

Die Geschwindigkeit der Vorbereitung, die steigende Anspannung und die weglaufende Zeit sollten mich noch einen letzten, aber hohen Preis kosten.

Aus dem Gefühl heraus, so dicht vor dem Examen zu stehen, konnte ich mir einfach nicht mehr vorstellen, mit ruhigem Gewissen zur Hochzeit meines besten Freundes Uli nach Litauen zu fliegen. Diesen Gedanken trug ich lange während des Vollzeitkurses mit mir herum und kämpfte wochenlang mit einem Entschluss, ob ich ihm absagen sollte oder nicht.

Bereits im Frühjahr dachte ich, ich könnte dieses Problem dadurch lösen, dass ich frühzeitig Hin- und Rückflug buche sowie ein passendes Hotel für das Wochenende reserviere. Doch diese Sicherheit sollte sich als trügerisch erweisen, denn ein schlechtes Gewissen und vor allen Dingen Angst kann man nicht einfach zur Seite schieben.

Da ich inmitten meiner Examensvorbereitung war, konnte ich auch nicht einfach mal ein paar Tage Urlaub nehmen und eine Urlaubsvertretung darum bitten, für mich weiter zu lernen. Das musste ich schon selbst machen.

Ich war mir auch nicht mehr sicher, ob ich wirklich mit einem freudestrahlenden Gesicht bei meinem Freund sein könnte, oder ob ich wegen der nervlichen Anspannung den ganzen Tag mit einer versteinerten Miene herumlaufen würde. Die Frage, die sich mir also letzten Endes stellte, war die, ob ich ihn mit meiner schlechten Laune oder mit meiner Abwesenheit enttäuschen sollte. Bei meiner Abwesenheit hätte er gar keine, bei meiner Anwesenheit hätte er schlechte Erinnerungen an mich und seine Hochzeit gehabt.

Aus diesem Gefühl heraus entschloss ich mich, die Hochzeit abzusagen. Ich hatte schlichtweg Angst, ein wichtiges Thema in der Vorbereitung zu versäumen, was mir vielleicht die Punkte liefern könnte, die über Bestehen oder Nichtbestehen entscheiden. Das klingt für Außenstehende immer ein wenig übertrieben, aber für mich war das eine existenzielle Frage. Im Examen geht es schließlich nicht um die Frage, ob man es mit einer sehr guten oder nur mit einer guten Note besteht. Es geht einzig und allein um die Frage, ob man besteht oder nicht.

Dieser Angst opferte ich die Hochzeit meines besten Freundes. Natürlich war ich auch im Nachhinein nie wirklich glücklich mit dieser Entscheidung; eine Hochzeit ist schließlich das schönste Fest, was eine Familie zu bieten hat. Und da es die des besten Freundes war, machte auch mich diese Absage umso trauriger.

Aber was wäre, wenn diese Reise mich letztendlich mein Examen und damit zwei Jahre meines Lebens, Geld und eine Menge Nerven gekostet hätten?

Ich musste mich entscheiden für eine von zwei Varianten, die ich beide nicht wollte. Und ich hatte es getan.

Ich telefonierte zweimal mit ihm, um ihm meine Entscheidung mitzuteilen. Er war nicht glücklich darüber, war enttäuscht und vielleicht auch frustriert, aber er akzeptierte die Entscheidung. Wenn auch nicht gleich in diesen Tagen, aber letzten Endes wird er verstanden haben, dass ich meine Gründe hatte. Die Hochzeit seines besten Freundes sagt man schließlich nicht einfach so ab.

10. 9. bis 29. 9. 2007 – Der Klausurenintensivkurs

Mit dem abschließenden Klausurenkurs sollte zumindest ein bisschen Ruhe einkehren, weil dieser anders konzipiert war. Wir schrieben nun täglich von 9.00 bis 15.00 Uhr eine Klausur, die in den beiden darauffolgenden Wochen ausführlich besprochen werden sollte. Dies führte immerhin dazu, dass man nervlich wieder ein wenig herunter kam, denn an den Tagen der sechsstündigen Klausur machte man an den Nachmittagen erst mal nichts mehr.

Für die Klausuren während des Klausurenkurses fertigte ich mir wieder eine Tabelle an und nahm mir wieder die gleichen Dinge wie im Vollzeitkurs vor:

1. Ich wollte keine 5.0 mehr schreiben.
2. Wenn mir das schon nicht gelingen sollte, wollte ich zumindest besser als der Schnitt sein.

Klausur	Punkte	von	%	Note	Schnitt
1	47,00	100	47,00 %	4,5	4,70
2	36,50	100	36,50 %	5,0	4,57
3	64,00	106	60,38 %	3,5	4,54
4	68,00	100	68,00 %	3,0	4,00
5	54,00	100	54,00 %	4,0	4,57
6	57,00	100	57,00 %	4,0	4,45
Im Schnitt:	53,81 %	4,00	4,47		

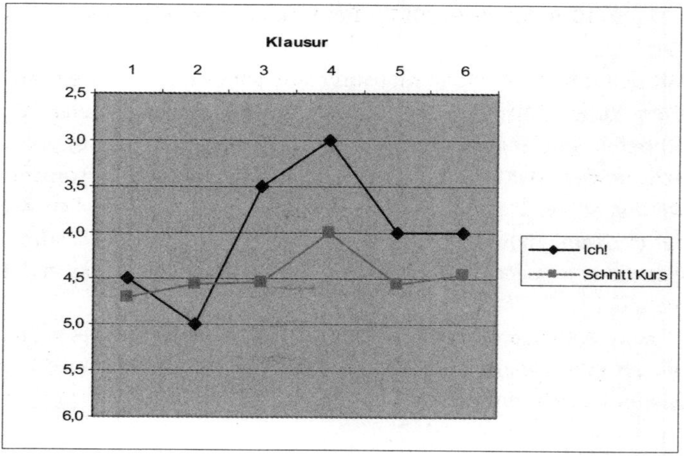

Ich sollte beide Ziele lediglich in einer Klausur verfehlen, was mir natürlich wieder Auftrieb gab. Auch konnte ich meinen Klausurenschnitt mit 4,0 nach oben drücken, was vielleicht auch daran gelegen haben könnte, dass man nun ausgeruht eine Klausur schreiben konnte und nicht schon fünf Stunden vorher mit Wissen voll gepumpt wurde.

Die 5,0 holte ich mir wieder in einer Klausur zum Thema Bilanzberichtigung ab, obwohl ich die Skripte nach dem Vollzeitkurs noch einmal durchgearbeitet und die Probeklausur aus dem Vollzeitkurs noch einmal komplett für mich an einem Sonntag geschrieben hatte. Eines war klar: Dieses Thema sollte im Examen besser nicht geprüft werden.

Mit den Skripten war ich zu Beginn des Klausurenkurses soweit, dass ich mich nur noch auf die wichtigen Skripte konzentrieren und diese Abend für Abend wiederholen konnte. Es gab mittlerweile kein Thema mehr, das ich als wichtig erachtete und es bis heute noch nicht mindestens einmal durchgearbeitet hatte. Trotz der Tatsache, dass die Anspannung am Ende des Vollzeitkurses noch einmal deutlich gestiegen war und das Examen nun immer näher rückte, verlor ich während des Klausurenintensivkurses nach und nach meine Angst vor diesen drei Tagen. Respekt hatte ich nach wie vor, denn zu schnell passierte auch mir ein Ausrutscher in den Klausuren. Langsam aber sicher stellte sich durch die relativ guten Noten und das Lernpolster jedoch das Gefühl ein, dass ich alles Menschenmögliche getan hatte, um dieses Examen zu bestehen. In mir machte sich die Gewissheit breit, dass der Ausgang dieses Examens nun nicht mehr in meiner Hand lag, denn meine Hausaufgaben hatte ich gemacht. Ich hatte mir nichts vorzuwerfen.

Sollte ich jetzt scheitern, wäre das entweder Schicksal oder einfach nur Pech. Wer sich 18 Monate vorbereitet und an sich arbeitet, kann nicht mehr tun. Ich war mir sicher: Wenn alles normal läuft, sollte ich mit einer Note irgendwo in der Nähe der 4,0 bestehen.

Blicke ich auf die letzten Monate der fachlichen Vorbereitung zurück, empfand ich die komplette Vorbereitung als einen einzigen schwarzen Block in meinem Leben, von dem ich im Nachhinein nur weiß: Rein rechnerisch müssen diese Monate stattgefunden haben.

Ich kann mich nicht daran erinnern, wann ich das letzte Mal wie ein Uhrwerk so funktionieren musste. Und ich kann mich auch nicht daran erinnern, jemals so viel Mühe und Energie in ein Projekt gesteckt zu haben, wie bei der Vorbereitung auf das Steuerberaterexamen. Das war definitiv das Anstrengendste, was ich bisher in meinem Leben getan habe.

Aber ich war bereit!

Und selbst wenn es schief gehen sollte: Ich hatte alles in meiner Macht Stehende getan, was ich hätte tun können. Mehr war nicht möglich. Und darauf bin ich stolz.

Teil IV – Das schriftliche Examen

8. 10. 2007 – Die Ruhe vor dem Sturm

Monatelang hatte ich mich vorbereitet und nun waren die Tage gezählt. Ich verordnete mir ab dem letzten Wochenende vor dem schriftlichen Examen eine finale Atempause, um dienstagmorgens nicht mit rot unterlaufenen Augen und Kopfschmerzen vor der ersten Klausur zu sitzen.

Zum ersten Mal seit langem schaute ich mir wieder eine Konferenzschaltung der Bundesliga im Fernsehen an. In diesem Punkt standen die Zeichen auf Sieg: Die Eintracht sollte ihr letztes Spiel vor meinem Examen gewinnen. Und da meine Leistungen in der Vergangenheit schon immer ein wenig mit denen der Eintracht verknüpft waren, sah ich darin ein gutes Zeichen.

Am Montag, dem 8. 10. 2007, stand ich um 6.30 Uhr auf, um meinen Körper an den Prüfungsrhythmus zu gewöhnen. Ich duschte, frühstückte und fuhr anschließend zu dem Ort, an dem in den nächsten drei Tagen der schriftliche Teil des Examens geschrieben wurde: dem Bürgerhaus in Mörfelden.

Da ich ein Sicherheitsfanatiker bin, probierte ich auf dem Hin- und dem Rückweg unterschiedliche Routen aus, um für den Fall der Fälle gewappnet zu sein. Anschließend fuhr ich ein letztes Mal in die Kanzlei, um mir von der Geschäftsleitung den Segen für die nächsten Tage zu holen. Zu meiner Überraschung musste ich feststellen, dass mein Prüfungsmentor Simon spontan Urlaub genommen hatte. Simon, selbst vierfacher Vater, erkundigte sich während der letzten Monate ständig nach meinem Seelenzustand, meiner Vorbereitung und insbesondere nach den Noten aus den Probeklausuren. Da er immer ein paar wärmende Worte für mich übrig hatte, hatte ich mir ein letztes, aufmunterndes Gespräch erhofft. Daraus wurde leider nichts.

Nachmittags ließ ich mich noch einmal von meiner Mutter mit Kartoffelauflauf bekochen, da dieser ihrer Meinung nach gut für die Nerven sein sollte. Und da ich die nächsten Tage starke Nerven brauchen könnte, aß ich, soviel ich nur konnte!

Ob es tatsächlich an den Kartoffeln lag, wage ich zu bezweifeln, aber ab Montagnachmittag setzte bei mir eine merkwürdige Ausgeglichenheit ein. Langsam aber sicher verflüchtige sich meine in den letzten Tagen stark aufgekeimte Nervosität; ich wurde ruhig. Meine Seele schien sich eingependelt zu haben in einen manifesten Zustand, den nichts mehr erschüttern konnte.

Die Ruhe vor dem Sturm.

Es lag jetzt nicht mehr in meinen Händen.

Aber ich war bereit.

9. 10. 2007 – Der erste Klausurtag

Am Abend nach der ersten Klausur schon war das Thema Steuerberaterexamen für mich gelaufen. Ich war tief frustriert und hörte nur ständig wieder diesen einen Satz in meinem Kopf:

Das darf nicht wahr sein!

Während meiner kompletten Vorbereitungszeit, in der ich ca. 35 Probeklausuren geschrieben hatte, hatte ich in der gemischten Klausur nur eine Fünf geschrieben: im allerersten Versuch. Alle weiteren Klausuren hatte ich mindestens mit einer 4,5 bestanden. In den letzten Wochen gar mauserte sich diese Klausur zu einer Art „Joker" für mich, da ich in diesen Klausuren die wenigsten Probleme hatte und folgerichtig die besten Noten schrieb. Ich war mir sicher, am ersten Tag einen guten Start hinzulegen.

Schon während der Vorbereitungszeit hatte ich mir angewöhnt, die gemischte Klausur immer nach ein und demselben Schema zu lösen: zuerst Erbschaftsteuer, dann Umsatzsteuer und zuletzt Verfahrensrecht. Das war für mich die Reihenfolge, von der ich mir die meisten Punkte versprach. Erbschaftsteuer war meistens nicht allzu schwer, Umsatzsteuer war in aller Regel logisch lösbar, und im Verfahrensrecht hoffte ich auf ein paar Fußgängerpunkte.

Der Erbschaftsteuerteil verlief im Grunde wie immer: gut.

Im Umsatzsteuerteil hingegen begang ich den größten Fehler, den man in Klausuren nur machen kann: Ich las die Aufgabenstellung viel zu flüchtig und korrigierte anschließend zwei Stunden lang einen Vorsteuerabzug gem. § 15a UStG, der laut Aufgabenstellung nicht zu korrigieren war!

Das Schlimmste daran war, dass ich es noch während des Schreibens der Klausur selbst merkte und daraufhin innerlich in Hektik verfiel. In meiner aufkommenden Nervosität versuchte ich zwar anschließend verzweifelt zu retten, was zu retten war, aber das machte wohl alles nur noch schlimmer.

Schließlich versagten mir meine Nerven komplett, weil mir im Verfahrensrecht nun auch Bestehensvoraussetzung Nr. 1 verwehrt bleiben sollte: das Glück.

In den letzten Wochen vor dem Examen lernte ich Verfahrensrecht wie ein Besessener, wiederholte alle Klausuren, die ich jemals geschrieben hatte, machte mir Riesenmerkzettel, welche Fehler ich gemacht hatte und wie welche Paragraphen zu deuten waren. Doch alles, was ich am heutigen Tage zu Papier brachte, war ein Satz: „Gegen Verwaltungsakte ist der Einspruch statthaft, § 347 (1) Nr. 1 AO."

Ein Themengebiet hatte ich in der Vorbereitung immer außen vor gelassen, weil es auch in den Übungsklausuren nie ein Thema war: Pfändung und Vollstreckung. Und heute sollte es geprüft werden.

Und weil die selbst verursachte Panik aus dem Umsatzsteuerteil und die Unwissenheit im Verfahrensrecht nun zusammen trafen, wurde es richtig schwer.

Ich hatte den kompletten AO-Teil nicht gelöst.

Ich fühlte mich wie der letzte Mensch.

Allein gelassen mit einer tiefen inneren Leere. Betrogen um den einzigen Joker, den ich hatte, sah ich mich fortan in einer schwierigen Ausgangslage.

Ich war mir sicher: Das war`s!

Da lernst du ein komplettes Jahr wie ein Besessener, opferst deine Freizeit, sagst Geburtstage und Hochzeiten ab, um dir so eine schallende Ohrfeige abzuholen. Ich war bedient.

Noch auf dem Parkplatz des Bürgerhauses rief ich Lysann, meinen Bruder und Julian an, um ihnen mein persönliches Desaster mitzuteilen. Julian konnte es nicht glauben, versuchte aber, mich aufzumuntern. „Denk nicht weiter darüber nach! Gib morgen noch mal richtig Gas, man weiß nie, was kommt!".

Für mich gab es in diesem Moment kein Morgen mehr.

Als ich zu Hause war, nahm ich erstmal das Telefon in die Hand und rief Eddie an, um zu fragen, wie ihm es ergangen sei. In seiner typisch nordischen Ruhe sagte er nur: „Ganz okay ...“; aber auch er war nicht fertig geworden.

30 Minuten redete ich mir anschließend die Seele aus dem Leib, weil ich das Bedürfnis verspürte, irgendjemanden über die Ungerechtigkeiten dieser Welt aufzuklären. Wirklich gelungen ist mir das nicht, aber es tat gut, mit Eddie darüber zu reden.

Lysann ging mit mir an diesem Abend noch über eine Stunde spazieren. Ich wollte mir das Adrenalin aus den Beinen laufen und frische Luft schnappen. Im Wald brüllte ich mich aus, doch meine Stimmungslage wollte sich nicht bessern.

Eine Zeit lang wusste ich nicht, ob ich lachen oder weinen sollte. Manchmal stand ich da und lachte! Im nächsten Moment schon haderte ich mit meinem Schicksal und war den Tränen nah.

Das darf nicht wahr sein, dass das meine Geschichte werden sollte!

Meine Motivation, das Examen weiter zu bestreiten, war am Nullpunkt angelangt. Ich verspürte definitiv keinen Willen mehr, am zweiten Tag noch einmal anzutreten.

Abends konnte ich nicht einschlafen. Meine Gedanken drehten sich nur um diese eine Klausur, und wo ich meine Fehler begangen hatte. Ich hatte immer wieder diese Aha-Momente, in denen ich der richtigen Lösung gedanklich einen Schritt näher kam. Meinen Schlaf sollte ich jedoch nicht finden.

Noch in dieser Nacht und ohne einen entsprechenden Lösungshinweis wusste ich, was ich alles falsch gemacht hatte. Ich hatte die Klausur so bildlich vor Augen, dass ich sie wahrscheinlich hätte niederschreiben können.

10. 10. 2007 – Der zweite Klausurentag

Um 4.00 Uhr morgens war ich wach. Zu tief saß der Schock vom ersten Tag. Ich wälzte mich noch eine Zeit lang im Bett hin und her, und stand dann viel zu früh auf. Nach dem Frühstück drückte mich Lysann ganz fest, gab mir einen Kuss und drückte mir wieder meinen Glücksteddy „Schlumpie“ in die Hand. An diesem hing ein Zettel, über den er zu mir sprach:

„Heute zeigen wir es denen aber! Tschaka!“.

Immerhin einer blies zum Angriff!

Mehrere SMS von Arbeitskolleginnen erreichten mich, die mir alle fest die Daumen drückten. Natürlich hatte sich mein Fiasko vom Vortag herumgesprochen und ich fand es toll, dass sie mir so viel Glück wünschten. Wirklich aufheitern konnten sie mich in diesem Moment jedoch nicht.

An die Autofahrt zur zweiten Klausur erinnere ich mich nicht mehr. Gedankenlos und voller Unlust fuhr ich über die Autobahn Richtung Mörfelden. Als ich schließlich am Bürgerhaus angekommen war, stellte ich zu meiner Erleichterung jedoch fest, dass nicht nur ich blass war, sondern viele andere auch. Von all meinen Kursbekannten war kein einziger mit der ersten Klausur fertig geworden und vielen erging es wie mir. Schlaflose Nächte und ein tiefer Schreck über den Ausgang des ersten Tages.

Noch so ein Tag und wir konnten einpacken.

Gegen 9.00 Uhr wurden die Klausuren ausgeteilt. Als jeder ein Exemplar vor sich liegen hatte, durften wir diese umdrehen und loslegen. Nach dem ersten Durchblättern sollte sich meine Unlust zumindest nicht vergrößern, denn ich sah viele Sachverhalte, bei denen ich auf Anhieb wusste, in welche Richtung es ging: Internationales Steuerrecht, § 15a EStG und die Besteuerung von Kapitalgesellschaften. Das alles waren Themengebiete, die mir eigentlich lagen. Also fing ich einfach an, die Klausur, beginnend mit den mir am besten vertrauten Sachverhalten, zu lösen.

Schon nach einer Stunde sollte sich meine Stimmung wesentlich verbessern, denn eines wurde mir klar: Das wird dein Tag!

Das Glück, das mir gestern fehlte, sollte heute zurückkehren. Die Fälle gingen mir glatt von der Hand und ließen sich relativ einfach lösen. Mit jedem weiteren Sachverhalt, den ich zu Ende bringen konnte, keimte wieder ein Stückchen Hoffnung mehr in mir auf und verbesserte Stück für Stück meine Stimmungslage.

Ich kann mich noch genau an meinen ersten Gang zur Toilette erinnern: Ich lief ihn nicht, ich rannte ihn, fast wie ein kleines Kind! Ich freute mich regelrecht darauf, zur Klausur zurückkehren zu können, um sie weiter schreiben zu dürfen.

Wenn es weiter so gut laufen sollte, würde mir diese Klausur mein Ergebnis von gestern wieder ausgleichen!

Ich brach innerlich in Freude aus. Gegen 13.30 Uhr spürte ich schließlich, dass ich die Klausur komplett beenden würde. Und das löste richtige Glücksgefühle aus! Ich hatte meine Freude an den Steuern und am Schreiben dieses Examens tatsächlich wiedergefunden!

Nachdem ich die Klausur als Erster drei Minuten vor dem offiziellen Ende abgegeben hatte, gab ich meinem Glücksteddy „Schlumpie" erst einmal einen dicken Kuss.

Vor allen Leuten!

Ich will nicht gar wissen, was die von mir dachten, aber in diesem Moment war es mir auch völlig egal! Denen haben wir`s gezeigt. Tschaka!

Als ich um 15.00 Uhr den Saal verließ, fielen mir tausend Steine vom Herzen. Ich freute mich, war überglücklich und musste sofort wieder sämtliche Personen aus meinem Umfeld anrufen und ihnen mitteilen, dass alles optimal gelaufen war. Voller Freude trällerte ich ins Telefon, dass ich wieder zurück im Rennen sei!

„Steini ist wieder da!"

Der zweite Tag würde definitiv meinen ersten Tag ausgleichen! So viel stand für mich fest.

Von unserem gestern geborenen Ritual, abends eine Runde spazieren zu gehen, ließen Lysann und ich nun nicht mehr ab. Es hatte einmal Glück gebracht, und es würde mir auch ein zweites Mal Glück bringen.

11. 10. 2007 – Der dritte Klausurentag

Diese Nacht konnte ich wirklich gut schlafen. Nach meinem Fiasko vom ersten Tag hatte ich nun wieder Grund zur Freude! Lysann verließ das Haus vor mir, gab mir wieder einen Kuss und wünschte mir abermals viel Glück. „Schlumpie“ lag auch schon startklar an der Wohnungstür.

Als ich selbst gegen 7.30 Uhr das Haus verlassen wollte, klingelte das Telefon.

Wer ruft denn um diese Zeit bei uns an?

Das Telefondisplay zeigte mir ein vertrautes „Lysann Handy.“

Ich ging ran und hörte am anderen Ende der Leitung eine hektische und aufgeregte Frauenstimme:

„Stefan, hast du schon Radio gehört?“

„Nein, wieso?“

„Die A5 ist zwischen Darmstadt und Weiterstadt nach einem Unfall voll gesperrt, es sind mittlerweile zwölf Kilometer Stau!“

Das war ein HAMMER!

Und er saß.

Die A5 war die Autobahn, die ich die letzten beiden Tage benutzt hatte. Sie führte direkt von meinem Wohnort nach Mörfelden. Am Darmstädter Kreuz, von zu Hause aus gesehen noch vor der Vollsperrung, trifft die A5 auf die A67, die auch Richtung Norden führt. Das war meine einzige Möglichkeit!

Jetzt musste alles schnell gehen. Zwischen mir und dem Bürgerhaus Mörfelden lagen 30 Kilometer Entfernung, eine Autobahnvollsperrung und 90 Minuten Zeit. Ich rannte die Treppen unserer Wohnung aus dem zweiten Stock herunter zum Auto. Um das Adrenalin am heutigen Tage brauchte ich mir nun wahrlich keine Gedanken mehr zu machen, es trieb bereits jetzt meinen Puls in die Höhe.

Meine erste Amtshandlung war das Wählen einer anderen Autobahnauffahrt, mit der ich ca. vier Kilometer Autobahnstrecke umgehen konnte. Dies war auch sinnvoll, denn bis zum Darmstädter Kreuz gab es mittlerweile einen kilometerlangen Rückstau.

Mein Problem war, dass ich trotzdem fünf Kilometer über diese Autobahn bis zum Darmstädter Kreuz fahren musste, erst dann gab es die Ausweichroute über die A67. Alternativ hätte ich mich lediglich über die durch die Vollsperrung ebenso überlasteten Landstraßen und die Stadt Darmstadt kämpfen können.

Bereits an der letzten Ampel vor der Autobahn ging alles nur noch schrecklich langsam. Auf der Autobahnbrücke über mir sah ich die sich vorbei schiebende Blechlawine. Für die anschließenden fünf Kilometer bis zum Autobahnkreuz Darmstadt brauchte ich 40 Minuten. Mittlerweile war es 8.10 Uhr, in 50 Minuten war Prüfungsbeginn.

Am Navigationsgerät spielte ich alle Alternativen durch:

- kürzeste Strecke,
- schnellste Strecke,
- mit Autobahn,
- ohne Autobahn,

doch irgendwie waren alle Ergebnisse unbefriedigend. In meinen Gedanken wählte ich den Notruf der Polizei, um mich zwischen zwei mit Blaulicht fahrenden Polizeifahrzeugen vorbei an wartenden und neidisch dreinschauenden Autofahrern nach Mörfelden geleiten zu lassen. Alternativ hörte ich aber auch die wütende Stimme am anderen Ende der Notrufleitung, die mich aufforderte, „SOFORT die Leitung frei zu machen" und mir für das Nichtbefolgen dieses Befehls ein weiteres Problem ankündigte.

Okay, lassen wir das. Oder doch nicht?

Ab dem Darmstädter Kreuz und der Ausweichautobahn lief der Verkehr dann Gott sei Dank wieder etwas zügiger. In Groß Gerau musste ich die Autobahn verlassen und fuhr nun über eine Landstraße nach Mörfelden.

Gott sei Dank kennst du zwei Routen!!!

Mein Sicherheitswahn und das Wissen um zwei Routen sollten sich doch tatsächlich auszahlen. Zwischen mir und der Klausur lagen jetzt noch 35 Minuten, wenige Kilometer, aber noch eine Schrankenanlage. Beim Abfahren dieser Route am Montag war dieses kleine Detail noch völlig harmlos, jetzt staute sich der Verkehr hier aber gewaltig zurück.

Also wieder ein Stau, ausgelöst durch eine geschlossene Schrankenanlage. Und es sollte ewig lange Minuten dauern, bis die Schranken sich öffneten. Doch schon wenige Autos später gingen sie auch schon wieder zu. Wieder stand ich, und die Minuten schritten voran, ohne dass sich auf den Bahnschienen etwas tat.

Warum eigentlich muss man an einer Schranke so viele Minuten warten, wenn doch kein Zug vorbeifährt?

Nach weiteren fünf Minuten entschloss ich mich, anderen Autos zu folgen, die in einen nicht in meinem Navigationsgerät eingetragenen Waldweg abbogen. Zu verlieren hatte ich nichts, denn auf diesem Waldweg konnte man immerhin fahren und musste nicht tatenlos in seinem Auto sitzen. Und tatsächlich: Der Waldweg führte um die Schranken herum und wenige Meter vor dem Bürgerhaus unter der Eisenbahnlinie hindurch!

Geschafft!

Ich rief Lysann an und teile ihr mit, dass ich rechtzeitig angekommen bin! Auch ihr fielen tausend Steine vom Herzen, hatte sie doch die komplette Zeit in ihrem Büro gespannt auf den erlösenden Anruf gewartet. Meine Freunde aus dem Kurs schauten mich alle mit großen Augen und leicht verschreckt an, denn auch von ihnen sind einige nur wenige Minuten vor mir angekommen und signalisierten mit schüttelnder Hand und einem großen Seufzer:

„Glück gehabt!"

Ich versuchte noch ein paar Augenblicke zu entspannen, denn nach diesem Aufreger brauchte ich erst mal ein paar Minuten, um wieder auf den Boden zu kommen.

Die Klausuren wurden ausgeteilt, und nachdem jeder seine öffnen durfte, kam die nächste Panikattacke! Die Klausur bestand zu 50 % aus dem, was ich mir immer am wenigsten gewünscht hatte:

Bilanzberichtigung! In meinen Probeklausuren waren das immer sichere Fünfen gewesen.

Nachdem ich die ersten Schockmomente verdaut hatte und sah, dass die restlichen 50 % der Klausur im Gegenzug relativ einfach aussahen, beruhigte ich mich im Vergleich zum ersten Tag jedoch relativ schnell wieder. Schließlich hatte ich jede Klausur und jedes Skript, das nur irgendwie mit diesem Thema zusammenhing, etliche Male wiederholt. Ganz im Gegensatz zu Pfändung und Vollstreckung.

Ich nahm mein Herz in beide Hände, fing an zu schreiben und löste erst einmal das, was ich konnte. Tatsächlich sollten mir die Fälle wieder relativ einfach von der Hand gehen. Und zu meiner eigenen Verwunderung stellte ich mit Beginn der Bilanzberichtigung fest, dass ich auch diesen Klausurenteil relativ problemlos und sicher zu Ende bringen könnte. Die vielen und quälenden Stunden zu Hause und in Probeklausuren, in denen ich mich in dieses Thema mehr schlecht als recht hineingearbeitet hatte, sollten sich tatsächlich auszahlen.

Entgegen meiner eigenen Erwartung zu Beginn der Klausur konnte ich alle Teilaufgaben der Bilanzberichtigung zügig lösen und kam eine Stunde vor Ende des schriftlichen Teils zur letzten Klausuraufgabe.

Die hingegen war jedoch noch einmal ein richtig schweres Kaliber! In all meiner Vorbereitungszeit hatte ich von so etwas noch nie gehört. Und 90 % aller anderen um mich herum auch nicht, das ging eindeutig aus dem verzweifelten Blättern und Suchen um mich herum hervor. Ich versuchte, mich ein letztes Mal zusammenzureißen. Immerhin hatte ich noch eine ganze Stunde Zeit für diese Aufgabe. Ich versuchte einfach irgendetwas.

Was bleibt mir auch anderes übrig?

Ich zog es durch, ohne zu wissen, ob es überhaupt das war, was gefordert wurde. Aber ich wurde fertig. Wie am Vortag konnte ich die komplette Klausur wieder beenden.

Das Gefühl, am dritten Tag die dritte Klausur tatsächlich abzugeben und dazu auch noch mit einem guten Gefühl im Bauch, werde ich nie vergessen: Es war eine unglaubliche Befreiung!

Nach einer langen Vorbereitungszeit und drei aufregenden Tagen war nun der Moment gekommen, den ich mir die ganze Zeit herbeigesehnt hatte: Das schriftliche Examen war beendet. Ich hatte alle drei Klausuren geschrieben, und ich hatte alle drei Klausuren abgegeben.

Als ob uns jemand bestätigen wollte, dass es für jede Bemühung auch irgendwann eine Belohnung gibt, sollte uns die Sonne auf dem Parkplatz vor dem Bürgerhaus hell und kräftig ins Gesicht scheinen. Wir standen noch lange zusammen und tauschten uns aus.

„Was machen wir jetzt eigentlich mit der neu gewonnenen Zeit?"

„Nichts!"

Der Zeitpunkt für eine erste wirkliche Auszeit war gekommen.

Die Art, wie wir lachten, war anders.

Die Art, wie wir redeten, war freier.

Und auch wenn die Ergebnisse in weiter Ferne und ein Bestehen noch völlig ungewiss waren, die Erleichterung lag greifbar in der Luft. Das Ende eines langen Weges war erreicht.

„Sagt mal, habt ihr eigentlich die letzte Aufgabe hinbekommen?" Achselzucken. „Nein."

Wow, ich hebe mich von der Masse ab.

Vielleicht war es eine Art Wiedergutmachung für den Dienstag. Vielleicht war es aber auch nur eine Schutzreaktion meines Körpers, der mir ein gutes Gefühl geben wollte.

Was auch immer es war, mein Bauchgefühl sagte mir:

In der Summe hat es gelangt!

15. 10. 2007 – Der erste Arbeitstag danach

Die Tage nach dem Examen glitten an mir vorbei wie ein Windzug, ohne dass ich etwas greifen konnte. Ich weiß noch, dass ich tagelang starke Kopfschmerzen hatte und meine unruhigen Nächte erst einmal weitergingen. Auch wenn ich mich nun von einer großen Last befreit fühlte, das erhoffte große Glücksgefühl blieb zunächst aus. Nach den Anstrengungen der letzten Monate musste ich erst einmal wieder zu mir finden und meinen Alltag neu ordnen.

Nach der letzten Klausur fuhr ich noch donnerstags ins Büro, wo meine Arbeitskollegen und ich mit einem Glas Sekt auf das Ende der Leidenszeit anstießen. Unabhängig vom Ausgang des schriftlichen Examens freuten sich auch meine Kollegen für mich, dass das Schlimmste nun erst einmal vorbei war. Freitags telefonierte ich mit meinen Freunden aus dem gemeinsamen Vorbereitungskurs, um mich zu vergewissern, wie es bei ihnen gelaufen sei. Robert und Hans-Peter gingen davon aus, dass sie bestanden hatten. Eddie hingegen meinte, dass es eng werden könnte und er es tendenziell eher nicht geschafft habe.

„Wir warten einfach mal ab!", war unser gemeinsamer Tenor, aber durch das Schreiben der vielen Probeklausuren lernten wir, uns relativ gut einzuschätzen. Es gab daher zumindest einen Grund, sich auch auf ein Nichtbestehen einzustellen.

Da auch ich für den ersten Tag nichts Gutes zu erwarten hatte, suchte ich in den Foren im Internet nach Meinungen anderer, die mir eventuell Mut machen könnten. Aber an Stelle von Zuspruch fand ich einen Lösungsvorschlag zum Teil Erbschaftsteuer eines Dozenten von einem der vielen Lehrgangsanbieter.

Ich konnte nicht anders und lud ihn herunter.

Glücklicherweise entsprach die Meinung des Dozenten in weiten Teilen meiner eigenen Lösung, was mir für meine erste Klausur prompt wieder ein wenig Hoffnung machte. Nach dem Lesen seiner Meinung fing ich an, verschiedene Punkte-Szenarien durchzurechnen und hoffte insgeheim darauf, dass es eventuell doch noch zu einer 4,5 gelangt haben könnte. Da ich die Situation nun aber doch nicht mehr beeinflussen konnte, und mich mit solchen Rechenspielchen nur verrückt machte, ließ ich diese sehr schnell wieder bleiben und versuchte fortan, mich wieder an einen Alltag ohne tägliche Vorbereitung auf ein Examen zu gewöhnen.

Am Montag, dem 15. 10. 2007, sollte dann auch die Arbeit wieder losgehen. Die größte Lust verspürte ich zwar nicht, aber auch daran würde ich mich schon wieder gewöhnen.

Es war kurz nach sieben Uhr, als ich mein Büro betrat. Schon während des Hochlaufens der Treppen in den ersten Stock spürte ich den Vibrationsalarm meines Handys in der Hosentasche. Erinnerungen wurden wach an das Telefonat mit Lysann, die mir zu einer ähnlichen Uhrzeit eine Vollsperrung auf meiner Autobahnroute präsentierte. Doch da ich meine Hände voll hatte, entschied ich mich, das Handy klingeln zu lassen und später nachzuschauen, wer mich schon so früh morgens anrief. Ich öffnete unsere Bürotür, stellte meine Tasche in mein Zimmer, holte mir einen Kaffee und unterhielt mich mit bereits anwesenden Kollegen ein wenig über die aufregenden Examenstage.

Da klingelte mein Handy wieder. Ich hatte den ersten Anruf schon wieder vergessen, da sah ich die Nummer meiner Mutter auf dem Display. Ungewöhnlich, zu solch einer Uhrzeit?

Ich nahm ab und hörte eine verweinte Frauenstimme: „Stefan, ich wollte dir sagen, dass dein Opa heute Morgen verstorben ist."

Plötzlich und unerwartet.

Das saß.

Fassungslos lauschte ich den Worten meiner Mutter, die mir in Tränen von einer möglichen Lungenembolie berichtete und das alles sehr schnell gegangen sei. Zu mehr war sie nicht in der Lage.

„Ich komme", sagte ich zu ihr und verließ mein Büro keine fünf Minuten nach dem ersten Betreten seit viereinhalb Monaten. Die Kollegen, mit denen ich eben noch über das schriftliche Examen gesprochen hatte, staunten nicht schlecht, als ich wieder angezogen an ihnen vorbei zur Tür herausging. Ich stammelte irgendwas von wegen Opa und Krankenhaus und ging zu meinem Auto.

Wie er es sich immer gewünscht hatte.

Das war mein erster Gedanke.

Ich rief sofort Lysann an und teilte ihr die traurige Nachricht mit. Auch sie reagierte nicht weniger entsetzt, hatte sie doch in den wenigen Treffen mit meinem Großvater ein inniges Verhältnis zu diesem entwickelt.

Sie war die einzige aus meiner Familie, die von ihm die Hand zur Begrüßung gereicht bekam und anschließend auch noch gedrückt wurde.

Sie war diejenige, wegen der sich mein Opa nach all den Jahren der Gleichgültigkeit für den optisch schlechten Zustand seiner Couch, die immerhin zwei Enkel-Generationen überlebt hatte, entschuldigte und sich eine neue kaufte.

Auch sie wusste nicht, was sie sagen sollte, außer, dass auch sie natürlich sofort ins Krankhaus käme.

Kaum hatte ich aufgelegt, rief mich schon mein Bruder an.

„Hast du das schon mit Opa gehört?"

„Ja ..."

„Krass, oder?..."

Auch hier war nur Sprachlosigkeit vorzufinden.

Schon während der Fahrt ins Krankenhaus überkamen mich die Tränen. Hilf- und Ratlosigkeit machten sich breit.

Aber inmitten der Trauer fühlte ich auch sofort ein Gefühl der Dankbarkeit. Dankbarkeit dafür, dass dieser Moment bis nach dem schriftlichen Examen hatte auf sich warten lassen.

Ich schämte mich sofort für diesen Gedanken.

Wie kann man nur dankbar sein für einen plötzlichen Tod?

Und doch: Wäre er nur eine Woche früher gestorben, wüsste ich nicht, ob ich das Examen so hätte schreiben können, wie ich es geschrieben habe. In all der Freude über die zwei guten Examenstage wusste ich bis zum jetzigen Moment noch nicht, wie viel Glück ich wirklich hatte. Das wusste ich erst jetzt, als alles vorbei war.

Die nächsten Tage waren geprägt von Traurigkeit und dem dumpfen Gefühl, machtlos jemanden verloren zu haben. Aber in all diese Traurigkeit mischte sich auch immer wieder dieses Gefühl der Dankbarkeit. Auch meine Mutter empfand etwas Ähnliches, denn sie war sich sicher, dass das alles irgendwie und von irgendjemandem so gewollt war.

Es klingt befremdlich, aber ich sehe in diesem Verlauf den letzten großen Gefallen meines Großvaters an mich. Und sollte ich dieses Examen bestehen, hat auch er einen großen Beitrag dazu geleistet.

Opa, wenn du mich jetzt siehst: Diese Zeilen sind nur für dich. Ich danke dir, und wir vermissen dich.

04. 12. 2007 – Ein Tag im Dezember

Die Person, die in der kompletten Vorbereitung am meisten zurückstecken musste, war meine Freundin Lysann. Tagtäglich musste sie meine Launen und Abwesenheiten ertragen, doch in all der Zeit gab sie mir nie das Gefühl, dass ich mich nicht genügend um sie gekümmert hätte. Sie war mein großer Rückhalt, und ohne ihr Verständnis hätte ich mich nicht so konzentriert auf das Examen vorbereiten können, wie ich es getan habe.

Nach dem schnellen Ableben meines Großvaters wurde mir bewusst, dass unser Leben zu kurz ist, um entscheidende Dinge zu verschieben. Ich musste erkennen, dass sich jedes Blatt im Leben sehr schnell wenden und alles sehr plötzlich vorbei sein kann. Und dann müsste ich mich fragen, ob ich das, was wirklich wichtig ist im Leben, bis zu diesem Wendepunkt auch tatsächlich erreicht habe. Würde ich wirklich alles wieder so machen oder würde ich etwas bereuen?

Unter diesem Blickwinkel erschien es mir wichtig, etwas zu vollenden, was ich schon lange vorhatte: Lysann einen Heiratsantrag zu machen.

Ich plante für unseren dreijährigen Jubiläumstag ein romantisches Abendessen mit Kerzen und Blumen, um im Laufe eines schönen Abends die Frage aller Fragen zu stellen. Doch auch an dieser Stelle sollte mir das Steuerrecht wieder einen Streich spielen.

Es war nachmittags gegen 16.00 Uhr, als ich von einem neuen Mandanten die Info bekam, dass er gegen einen ablehnenden Einspruch klagen wolle.

„Okay, dann klagen wir eben!", sagte ich mir und machte eine Fristberechnung, um zu sehen, wie viele Tage Zeit verblieben. Schnell stellte ich fest: Die Klagefrist läuft heute ab! Und nur zu Erinnerung: Es war mittlerweile 16.00 Uhr.

Morgens im Auto hatte ich mich noch durch Wolfgang Petry ermutigen lassen:

„Ganz oder gar nicht, gehen oder bleiben, ganz oder gar nicht, du musst dich entscheiden ...!“, aber auf einmal wusste ich nicht mehr, ob ich mein Vorhaben tatsächlich umsetzen konnte. Ich wollte von meinem Vorhaben eigentlich nicht mehr abrücken, denn wenn man ein solches Vorhaben begonnen hat, will man es auch unter allen Umständen zu Ende bringen. Die Nervosität, die ich den ganzen Tag über gespürt hatte, wollte ich nicht ein zweites Mal erleben. Nur hatte ich urplötzlich ein echtes Problem.

Entweder kann ich die Klagefrist nicht einhalten, oder ich kann den Heiratsantrag nicht vollenden. Innerlich wägte ich ab und kam zu dem Entschluss, dass ich weder das eine noch das andere wollte.

Ich wusste, dass man wie im Einspruchsverfahren auch bei der Klage die Begründung nachreichen kann, also nahm ich mir vor, einfach nur das Allernötigste zu erledigen. Das richtige Finanzgericht und die Klageart bestimmen, Vollmacht vom Mandanten via E-Mail und Fax unterschreiben zu lassen und ab mit der Klage durch das Fax und in den Briefkasten.

Problem Nr. 1: Der Mandant war nicht mehr zu erreichen.

„Oh, der ist in die Stadt gefahren...“, sagte seine Frau am anderen Ende der Leitung. Innerlich wurde ich zornig.

Zuerst macht er mich verrückt, dass er klagen will, und dann haut er einfach ab!

Problem Nr. 2: Wenn ich die Unterschrift nicht schnellstens bekomme, platzt mein Heiratsantrag.

Ich musste improvisieren und hinterließ eine Nachricht bei der Frau und nutzte die verbleibende Zeit, um dem weitaus wichtigeren Tagesziel einen Schritt näher zukommen: Ich fuhr in die Stadt und kaufte zumindest schon mal die Blumen.

Als ich wiederkam, hatte sich zu meiner großen Erleichterung doch tatsächlich auch der Mandant gemeldet!

„Man muss auch mal Glück haben im Leben!“

Nachdem nun also auch die nötige Unterschrift besorgt war, konnte ich endlich nach Hause fahren und mein Vorhaben umsetzen.

Der Moment, an dem sie an diesem Abend „Ja“ sagte, war später so etwas wie die emotionale Wende in der kompletten Prüfungsvorbereitung. Endlich hatte ich wieder ein privates Ziel, auf das ich hinarbeiten und worauf wir uns beide freuen konnten: eine Hochzeit im nächsten Jahr.

Und meiner Mutter, die eben noch ihren Vater verloren hatte, kullerten bei der Übermittlung der tollen Nachricht wieder Tränen über die Wangen.

Nur, dass es diesmal Freudentränen waren.

9. 1. 2008 – Bekanntgabe der Noten

„Wenn du glaubst, die Zeit vor dem schriftlichen Examen ist grausam, dann warte erst mal die Zeit bis zur Bekanntgabe der Noten ab.“

Dieser Satz wurde von Julian ausgesprochen und sollte seine Gültigkeit behalten. Besonders nervig war die Tatsache, dass andere Bundesländer ihre Ergebnisse bereits Mitte Dezember erhalten und wir in Hessen erst Mitte Januar. Wie unerträglich muss das eigentlich für die Prüflinge sein, die in Nordrhein-Westfalen oder in Rheinland-Pfalz geschrieben haben? Dort ist die Notenbekanntgabe erst Ende Januar bzw. Anfang Februar. Sich zum Lernen zu motivieren, obwohl man noch nicht weiß, ob man bestanden hat oder nicht, ist eigentlich fast unmöglich. Das Einzige, was man in dieser Zeit macht, ist lesen und vergessen. Der Lerneffekt ist dabei gleich Null!

Das lange Warten auf die Notenbekanntgabe machte mich fertig. Obwohl ich mir im ersten Moment nach der letzten Klausur sicher war, dass ich den schriftlichen Examensteil bestanden hatte, wuchsen mit jedem Tag, mit dem ich länger warten musste, die Zweifel. Nur um mich selbst vor einer mittleren Katastrophe zu schützen, redete ich mir von nun an ständig ein, dass die Welt sich auch weiter drehen würde, wenn ich durchgefallen wäre.

Ihren siedenden Höhepunkt erreichte die Spannung während der Vorbereitungsphase am Montag, 7. 1. 2008. Auf meinen täglichen Ausflügen in die virtuellen Foren diverser Kursanbieter prophezeite ein Prüfungskandidat einen Versandtermin für Hessen: Dienstag, 8. 1. 2008. Also Morgen!

Dass in den Foren der Kursanbieter allerlei Unglaubwürdiges zu lesen ist, ist mir bekannt. Doch seine Aussage, er habe eine E-Mail vom Ministerium auf eine Anfrage hin erhalten, machte ihn genauso glaubwürdig wie die Tatsache, dass die Ergebnisse auch im letzten Jahr bereits am 9. 1. 2007, und somit sechs Tage früher als geplant, veröffentlich wurden.

Mir zog sich die Kehle zu. Ab diesem Augenblick schwirrte mir nur noch durch den Kopf, wie, wo, wann und vor allen Dingen von wem der Brief mit dem Ergebnis geöffnet werden sollte.

Das Wann ließ sich leicht beantworten: Die Post kommt bei uns nicht morgens um neun, sondern unregelmäßig irgendwann am Nachmittag. Ich würde also erst abends mein Ergebnis erfahren, wenn alle anderen ihre Noten schon hatten!

Die Idee, einen Urlaubstag einzuschieben, würde dieses Problem daher nicht lösen. Auch unsere Vermieterin, die im selben Hause wohnte, könnte nicht früher eingreifen. Selbst meine fürsorgliche Mutter, die ich den ganzen Morgen vor meinen Briefkasten gesetzt hätte, hätte mir nichts gebracht. Bewaffnet mit einem Handy hätte ich sie den ganzen Tag auf den Postboten warten lassen, um diesen abzupassen. Sicherheitshalber hätte ich ihr auch eine Vollmacht ausgestellt und sie mit einem Briefkastenschlüssel bewaffnet.

Es blieb mir daher nichts anderes übrig, als zu warten.

Nach einer kurzen Nacht verbrachte ich am 8. 1. 2008 im Büro garantiert mehr Zeit im Internet als mit der zu erledigenden Arbeit. Obwohl ich vor lauter Aufregung schon um 6.00 Uhr als erster im Büro war, sollte sich der Stapel mit den zu erledigenden Arbeiten nicht merklich verringern.

Die Gewissheit kam schließlich im Laufe des Vormittags in einem der Internetforen: „Bei mir war heute nichts in der Post."

Die Anspannung löste sich, doch ich fragte mich, wie ich dieses Drama die nächsten Tage weiter aushalten sollte. Noch am gleichen Nachmittag stand im gleichen Forum wieder eine Nachricht:

„Versand heute!"

In der folgenden Nacht Schlaf zu finden war unmöglich.

Nach quälenden Stunden stand ich wieder um 5.00 Uhr morgens auf, war wieder als erster im Büro, und war wieder mehr mit dem Surfen im Internet beschäftigt als mit der Arbeit.

Liebe Arbeitgeber, wenn ihr das hier lest: Verzeiht mir! Ich bekenne mich schuldig, doch ich bitte um Nachsicht!

Ich erledigte eine Buchhaltung, klickte etliche Male ins Forum, doch dort stand noch nichts. Die Minuten vergingen langsam, der Morgen kroch dahin.

Gegen 10.00 Uhr klingelte plötzlich mein Handy: „Robert Handy“.

Was will der denn jetzt?

Kaum hatte ich abgenommen, brüllte er mir lautstark seine Freude in die Ohren:

„Bestaaaaaaaaandeeeen!!!! 4,0! Das ist der Hammer!“

Er freute sich riesig, fragte mich nach meiner Note und ich erklärte ihm, dass ich diese erst heute Nachmittag erhalten würde. Er konnte sich ein lautes Lachen nicht verkneifen und sagte mir abschließend auch noch, dass er jetzt erstmal feiern gehen werde.

Mein Kopf war mit einem Schlag leergefegt!

Jetzt war es soweit.

Robert war in den Klausuren immer ein wenig besser als ich, und sein Halbsatz „eigentlich hatte ich mir ja doch eine bessere Note erwartet“, klingelte mir von nun an ständig in den Ohren.

Ich rief sofort Lysann an und sagte ihr, dass heute die Noten kämen und Robert „nur“ eine 4,0 hatte. Sie nahm sich daraufhin einen halben Tag Urlaub und fuhr nach Hause. Direkt im Anschluss klingelte ich bei unserer Vermieterin durch und beauftragte sie, sich umgehend zu melden, falls der Postbote auftauchen sollte. Nur für den zwar unwahrscheinlichen, aber möglichen Fall, dass Lysann ihn verpassen sollte.

Von nun an tickte die Uhr.

Minute um Minute.

Stunde um Stunde.

Um Robert noch eine moralische Teilschuld an meinem derzeitigen Schwebezustand zwischen Delirium und Wahnsinn zu geben, schrieb ich ihm noch eine Kurzmitteilung, in der ich mich für seinen Anruf und die damit verbundenen längsten Stunden meines Lebens „bedankte“.

Und Julian konnte mal wieder nicht anders, als mir mit Sprüchen und Witzen „zur Seite zu stehen". Zugegebenermaßen hätte ich es genauso gemacht, wenn er in meiner Haut gesteckt hätte, aber in diesem Moment war ich der Mann mit dem Schaden, der für den Spott nicht zu sorgen hatte. Und nach Lachen war mir nun wirklich nicht zu Mute.

Die Stunden vergingen zäh wie Kaugummi, ich hielt ständig Kontakt mit Lysann, doch diese ging seit Ewigkeiten nicht mehr ans Telefon. Weder zu Hause noch am Handy!

Was macht sie eigentlich?

Gegen 13.30 Uhr hörte ich die Sekretärin über ein komisches Nummernschild reden. Mir war sofort klar: Das kann nur Lysann sein! Ein Nummernschild, das in unserer Gegend kein Mensch kennt, muss von weit weg kommen. Und Lysann hat ein Nummernschild, das von weit weg kommt und hier keiner kennt. Ich war in Gedanken noch in Weißenfels, dem Herkunftsort des Nummernschildes, als sie auch schon vor meiner Bürotür auf und ab sprang, mit einen Zettel in ihrer Hand wedelte und schrie:

„Du hast bestanden!!!"

„Du hast bestanden!!!"

„Du hast bestanden!!!"

Sie war völlig aus dem Häuschen und ihr Grinsen ging über beide Ohren. Sie umarmte mich und gab mir zur Belohnung einen dicken Kuss.

Dann zeigte sie mir meine Note: 4,16!

Der Hammer!!!

Ich ging zum Fenster, öffnete es und schrie voller Inbrunst meine Freude heraus:

„JAAAAAAAAAAAAAAAAAAA!!!"

Ein Rechtsanwalt auf dem Parkplatz schaute mich etwas irritiert an, und als ich mich wieder umdrehte, erntete ich komische, aber lächelnde, Blicke von Lysann und herbeigeeilten Kollegen.

Doch das war mir völlig egal.

„Vor euch steht Stefan Steinhoff, Besteher des schriftlichen Steuerberaterexamens 2007 im Erstanlauf. Da kann man schon mal durchdrehen!“

Wir stießen mit Sekt an und Lysann erzählte uns von ihren letzten aufregenden Stunden. Als sie nach Hause fuhr, sah sie am Ortseingang einen Postboten, den sie gleich nach dem ersehnten Brief fragte. Dieser konnte sie jedoch nur vertrösten, weil er nicht für unsere Straße zuständig sei. Er verwies Lysann an eine andere Zustellerin, die auch ganz in der Nähe sein müsste.

Also fuhr sie weiter.

Einige quälende Straßen weiter sah sie tatsächlich die zuständige Postbotin, doch wieder wurde Lysann nur vertröstet.

„Das dauert noch ein paar Minuten, weil ich die Briefe für diese Straße noch in meinem Verteilerkästchen stehen habe.“

Und dieser Verteilerkasten stand 30 Meter von unserer Wohnung entfernt. Von unserem Wohnzimmerfenster war dieser direkt einsehbar, als ob ihn ein schlechter Regisseur für einen noch schlechteren Kriminalfilm genau für diesen einen Augenblick dort platziert hätte.

Also fuhr sie heim und wartete.

Mit dem Verteilerkasten direkt vor unserem Wohnzimmerfenster. Nach mehr als einer Stunde Warterei kam die Postbotin tatsächlich irgendwann in ihr Blickfeld. Doch anstatt die neuen Briefe in ihren Wagen zu laden, war es für die Dame erstmal an der Zeit, in aller Ruhe eine Zigarettenpause einzulegen. Für eine wartende Nichtraucherin ist das so etwas wie die Höchststrafe!

Wohl wissend, dass wir das erste Haus der Zustellerin waren, zog Lysann ihre Jacke wieder an und empfing die Dame wenige Minuten nach der Zigarettenhöchststrafe an der Haustür. Nett und höflich, aber innerlich platzend vor Anspannung fragte sie nach einem Brief für Stefan Steinhoff. Die Dame suchte eine Weile, fand und gab ihn ihr. Lysann öffnete den Brief und sah ein Datum, was nur einen Termin für eine mündliche Prüfung bedeuten konnte.

Und dann gab sie Vollgas! Voller Freude über das Ergebnis, was sie mittlerweile gesehen hatte, fuhr sie viel zu schnell und über viel zu dunkelgelbe Ampeln. Und weil sie bei Tempo 70 in der Stadt nicht auch noch telefonieren konnte, ging sie nicht mehr an ihr Handy. Das Telefon zu Hause hörte nun auch keiner mehr.

Auch wenn ich richtig erleichtert war, war ich im zweiten Moment mächtig sauer, weil sie mich 20 Minuten lang hatte schmoren lassen. Den entscheidenden Moment im Examen hatte sie nicht mit mir geteilt: das Öffnen des Briefes.

„Sei froh, dass ich das übernommen habe, du hättest es nicht hinbekommen!“ Vielleicht hatte sie damit nicht mal Unrecht.

Ich konnte es gar nicht glauben, dass jetzt das Schlimmste vorbei sein sollte. 16 Monate harte Arbeit, Verzicht und Kämpfe mit mir selbst.

All das soll jetzt hinter mir liegen?

Ich sah in die Runde meiner Kollegen. Sie freuten sich mit mir, aber ich war einfach nur noch platt. Für gewöhnlich habe ich immer einen Spruch auf den Lippen, aber in diesem Moment war ich ruhig wie eine Kirchenmaus.

Ich konnte nichts sagen, mir fiel nichts mehr ein.

Jahrelang hatte ich Angst vor diesem Examen.

Jetzt hatte ich es bestanden!

In diesem Moment kam auch noch meine Mutter vorbei und sagte beim Anblick der Meute leicht irritiert am Empfang: „Ich will aber nicht stören.“

„Frau Steinhoff, Sie MÜSSEN stören, es geht um ihren Sohn“, entgegnete ihr eine Mitarbeiterin.

Sie brauchte ein paar Sekunden, um das Ganze zu begreifen und rannte schließlich überglücklich auf mich zu! Ganz ehrlich: So emotional hatte ich meine Mutter bisher noch nie gesehen. Aber egal! Vor euch steht Stefan Steinhoff, Besteher des schriftlichen Steuerberaterexamens 2007 im Erstanlauf. Da kann auch mal die Mutter ausflippen!

Dann ging alles ganz schnell: Wir fuhren nach Hause, denn an arbeiten war heute nicht mehr zu denken. Ich telefonierte mit etlichen Leuten. Hier und da gab es noch ein Glas Sekt oder einen Prosecco. Stehend k. o. schlief ich am Nachmittag in der Badewanne fast ein, aber später gab es noch ein schönes Festessen mit meiner Mutter, meinem Bruder und Lysann. Letztere hat gekocht, und wieder gab es viel Sekt, Prosecco und ein paar Bier.

Noch am Abend fing ich allerdings an, mich über diese Prüfung zu ärgern, schließlich war der persönliche Preis doch sehr hoch. Über eineinhalb Jahre hatte ich meine Freunde völlig vernachlässigt, die Hochzeit meines besten Freundes verpasst, Wochenenden zu Hause über den Büchern verbracht; vom wahren Leben hatte ich nicht viel.

Und wofür?

Für eine Note mit einer 4 vor dem Komma: 4,16.

Und das nach all der investierten Energie.

In Verfahrensrecht schrieb ich eine 5,0 – also doch wie erwartet, auch wenn ich mir im Nachhinein Hoffnung auf eine bessere Note gemacht hatte.

Ertragsteuern: 4,5. Davon war ich ein wenig enttäuscht, denn es war schlechter als erwartet. Vor allen Dingen glaubte ich die ganze Zeit, der zweite Tag hätte mein Fiasko vom Vortrag gerettet. Zum Glück weiß man solche Sachen immer erst hinterher!

Bilanzsteuerrecht: 3,0. So etwas ist mir in der kompletten Vorbereitung nicht passiert. Ich wusste zwar, dass die Klausur gut gelaufen war, aber dass es eine so gute Note werden sollte, überraschte mich völlig! Ich konnte es mir nicht erklären. Immerhin bestand die Klausur zu 50 % aus meinem Hassthema Bilanzberichtigung.

Im Schnitt erreichte ich eine 4,16, also in etwa das, was ich mir erwartet hatte. Und nach dem Chaos vom ersten Prüfungstag fand ich das Ergebnis einfach nur gut! Ich traute mich nur nicht, Außenstehenden diese Note zu verraten, denn wer will schon einen Berater, der sein Examen gerade so bestanden hat?

Die nächsten Tage rauschten an mir vorbei, und ich erlebte tolle Reaktionen. Ich war stolz, aber verärgert zugleich. Hoffentlich lohnt sich das alles, was hier die letzten Tage passiert ist!

Mein mündlicher Prüfungstermin lag etwas weiter hinten, an einem Montag, den 10. 3. 2008. Das ließ mir noch ein wenig Zeit, um mich in aller Ruhe vorzubereiten. Für diesen späten Termin war ich aber eher dankbar, denn er erfüllte mich mit einem sehr befriedigenden Gefühl: Glück und Pech gleichen sich in einer Prüfung doch immer wieder aus. Ich empfand es als eine Belohnung für den ersten Tag, dass ich nun ein wenig später in das mündliche Examen durfte.

Und sowohl mein Chef als auch ich wussten:

„Schwätzen kann er!"

Teil V – Das mündliche Examen

13. 1. 2008 – Die Vorbereitungskurse

Bevor ich meine Note hatte, verbrachte ich die freien Wochenenden und Weihnachtsfeiertage nicht wirklich mit Lernen, sondern eher mit dem lustlosen Blättern in Skripten über das Gesellschaftsrecht, das Handelsrecht oder anderen Themengebieten des mündlichen Examens. Ich hatte wirklich viel gelesen, doch gemerkt hatte ich mir von alldem nichts.

Nachdem die ewig lange Warterei nach der Bekanntgabe der Noten nun aber endlich vorbei und mein Termin am 10. 3. 2008 bekannt war, konnte das eigentliche Lernen für das mündliche Examen nun auch mental endlich losgehen.

Ende Januar besuchte ich den bereits vor einem Jahr gebuchten Kurs zur Vorbereitung auf das mündliche Examen in Frankfurt und sah dort viele bekannte Gesichter, die ich noch aus dem Vollzeitkurs kannte: Eddie, Robert, Hans-Peter und viele andere mehr. Robert hatte seine 4,0, Hans-Peter eine 4,16, und Eddie nahm an dem Kurs teil, obwohl er sein Ergebnis noch gar nicht kannte. In Rheinland-Pfalz, wo er wegen seines Arbeitgebers geschrieben hatte, waren die Noten noch immer nicht bekannt gegeben worden.

Der arme Kerl!

Er hatte zwar nicht die größte Hoffnung, wollte aber vorbereitet sein, falls er doch bestanden haben sollte. Obgleich ich froh war, dass ich es selbst geschafft hatte, litt ich mit ihm. Die Gewissheit über den Ausgang des schriftlichen Examens war so eine immense Befreiung, dass ich mir nicht mehr vorstellen wollte, wie es sein musste, auch nur einen Tag länger darauf warten zu müssen.

Das große Thema des ersten Tages war natürlich die Frage, wer bestanden hatte und wer nicht. Und wenn man bestanden hatte, ging es auch gleich um die Frage nach der Note. Auch hier zeigte sich wieder: Die Personen, die in den Übungsklausuren die besten Noten schrieben, absolvierten auch das Examen mit der besten

Note. Es gab zwar Leute, die ein wenig unglücklich über ihre Noten waren, aber alles in allem war jeder erst einmal froh, überhaupt bestanden zu haben. Während die meisten der Teilnehmer das schriftliche Examen mit einer Note zwischen 3,5 und 4,5 bestanden hatten, war tatsächlich auch eine Person anwesend, die eine 2,5 geschrieben hatte.

Unglaublich!

Geredet wurde natürlich auch über diejenigen Personen, die es nicht geschafft hatten und wie knapp oder warum sie gescheitert waren. So schafften es auch aus unserer Clique zwei Personen nicht, wenngleich es bei einer nur hauchdünn war: 4,66. So eine Note ist natürlich einfach nur bitter.

Auch viele andere sollten es nicht schaffen, doch waren das überwiegend die Personen, bei denen man schon im Vollzeitkurs nicht so recht wusste, ob sie der Sache die richtige Aufmerksamkeit schenkten, und ob sie auch wirklich mit dem nötigen Biss bei der Sache waren. Ich erinnere mich an viele Momente, in denen ich Personen gegenüberstand, die mich mit einem komischen Blick anschauten, weil ich davon berichtete, dass ich bereits Monate vor Beginn des Vollzeitkurses anfing, Skripte zu lesen und Themengebiete vorzubereiten.

All diese Personen vermisste ich nun in diesem Kurs.

Diese Tatsache verstärkte meine Motivation, die Sache nun endgültig zu Ende zu bringen, weil ich darin eine Bestätigung für meine Herangehensweise an das Examen sah.

Einige der Dozenten ließen gleich zu Beginn der Kurse durchblicken, dass wir wohl einer der Jahrgänge mit besseren Bestehensquoten als Durchschnittsjahrgänge waren. Auch hier kann ich nur das wiederholen, was ein Dozent aus der mündlichen Vorbereitung ständig sagte: „Man muss auch mal Glück haben im Leben."

Die Atmosphäre unter den Teilnehmern im Kurs war insgesamt recht entspannt, weil wir doch alle spürten, dass das Schlimmste überstanden war. Ebenfalls wurde uns von den Dozenten immer und immer wieder eingeredet, dass nach einem bestandenen schriftlichen Examen nicht mehr allzu viel schief gehen konnte. Auch Kandidaten mit einer 4,33 oder einer 4,5 müssten bei einer entsprechenden Vorbereitung nicht automatisch mit dem Schlimmsten rechnen, da in der mündliche Prüfung „auf Bestehen" geprüft werde. Eine ausreichende Gesamtnote von 4,16 zu erreichen, sei lange nicht so schwierig, wie die schriftliche Prüfung überhaupt zu bestehen.

„Die mündliche Prüfung ist die Belohnung für das Schriftliche!", wurde uns gesagt, und nachdem die ersten Prüfungssimulationen und Kurzvorträge durchgespielt wurden und uns seitens der Dozenten immer wieder gebetsmühlenartig gepredigt wurde, dass „das Vorgetragene absolut ausreichend ist", verinnerlichten die meisten von uns diesen Belohnungsgedanken.

Auch die Statistiken bezüglich der Durchfallquoten bestätigten die Aussagen unserer Dozenten. Nur 10 %, also lediglich jeder zehnte Teilnehmer, besteht das mündliche Examen nicht. Im Gegensatz zum langfristigen Mittel von 50 % im schriftlichen Examen, war das nun endlich mal eine Statistik, die uns Mut machen sollte. Und wohlgemerkt: Bei der schriftlichen Quote sind nur diejenigen berücksichtigt, die alle drei Klausuren am Ende des dritten Tages auch tatsächlich abgegeben haben. Berücksichtigt man, dass eine Vielzahl der Teilnehmer entweder durch Nichtabgabe einer Klausur zurücktreten oder aus anderen Gründen gar nicht erst zum schriftlichen Termin erschienen, liegt die Dunkelziffer der Durchfallquote wohl noch wesentlich höher. Alles in allem ließ sich meine Grundstimmung wie folgt zusammenfassen:

Der letzte Schritt ist nicht mehr groß!

Wir wurden nun 14 Tage noch einmal vollgepumpt mit dem aktuellsten Wissen aus dem Steuerrecht sowie dem Basiswissen in den nur für das mündliche Examen relevanten Fächern wie BWL, VWL, Jura und Berufsrecht. Der Umfang der Ordner wuchs noch einmal um weitere drei Ordner an, sodass ich insgesamt 19 Ordner nur mit Lehrmaterial zum Steuerberaterexamen zu Hause stehen hatte. Im Nachhinein empfand ich es eigentlich immer als unfassbar, dass ich das alles innerhalb eines Zeitraumes von etwa 18 Monaten und überwiegend nebenbei durchgearbeitet hatte.

Zusätzlich zu dem nun vermittelten Stoff wurde uns ans Herz gelegt, über aktuelle Nachrichten im Bilde zu sein und nach Möglichkeit mindestens eine Zeitung zu lesen. Auch deshalb abonnierte ich fortan eine große Samstags- und eine noch größere Sonntagszeitung.

Äußerst hilfreich waren auch Ganztagesseminare zum Jahreswechsel, die ich mit Arbeitskollegen aus der Kanzlei besuchte. Wenn jemand wusste, was aktuell in der Praxis wichtig war, dann waren es die Dozenten dieser Seminare. Und die Skripte oder Bücher aus den Seminaren waren perfekte Vorbereitungsunterlagen im Hinblick auf die fachliche Basis.

Noch während des laufenden Vorbereitungskurses auf das mündliche Examen sollte für Eddie dieser Teil der Prüfung in weite Ferne rücken. Nachdem Ende Januar die Noten endlich auch in Rheinland-Pfalz bekannt gegeben wurden, konnte er mir per Kurzmitteilung lediglich mitteilen, dass er es „nicht geschafft" habe. Das traf mich noch einmal wie ein Schlag, hatte ich doch immer gehofft, dass er es schon irgendwie gepackt haben könnte. Aber sein Notenschnitt entsprach eben auch in etwa den Noten, die er in den Vorbereitungskursen zum schriftlichen Examen geschrieben hatte.

Die Vorbereitung auf das mündliche Examen ließ sich in zwei Schwerpunkte einteilen: Zum einen ging es darum, über aktuelle Gesetzesvorhaben oder Gesetzesänderungen und wichtige Urteile des Bundesfinanz- oder des europäischen Gerichtshofes im Bilde zu sein sowie das aktuelle wirtschaftliche, wirtschaftspolitische und volkswirtschaftliche Tagesgeschehen zu kennen.

Zum anderen ging es aber auch darum, möglichst viele Kurzvorträge in der vorgegebenen Zeit von 30 Minuten vorzubereiten und dann auch tatsächlich vor Publikum zu halten. Dieser zweite

Schwerpunkt war eigentlich sogar wichtiger als der erste, weil er in der Prüfung den entscheidenden ersten Eindruck vermitteln sollte. Diese Relevanz bereitete vielen Prüflingen in der Vorbereitung aufgrund persönlicher Abneigung gegen das freie Reden aber auch das meiste Kopfzerbrechen. Erschwerend kam nun auch noch der Leistungs- und Bestehensdruck vor einer Prüfungskommission hinzu, was dem einen oder anderen gewisse Panikanflüge verschaffte.

Diese Angst ist nicht ganz unbegründet, weil man bei der präsentierten Auswahl der drei vorgeschlagenen Prüfungsthemen extremes Glück oder auch extremes Pech haben kann. Die Willkür der Themen erfasst einen Wissensumfang, den man in der Vorbereitungsphase niemals komplett abschöpfen kann. Hier galt jedoch immer der Tenor, dass nicht nur der Inhalt, sondern auch die Herangehensweise über Bestehen oder Nichtbestehen entscheiden sollte. Bei Prüfungsthemen, die als schwierig einzuordnen sind, sind auch die Anforderungen sicherlich niedriger als bei Themen, die zur steuerlichen Allgemeinbildung gehören.

Hier half letztlich nur, so viele Vorträge wie möglich geübt zu haben. Einerseits konnte man sich damit ein wenig die Angst vor diesem ersten Moment der mündlichen Prüfung nehmen, andererseits konnte man damit die Chancen auf einen Glückstreffer bei den drei zur Auswahl stehenden Themen erhöhen. Dies dürfte auch ein jeder von uns, der eine größere Anzahl von Kurzvorträgen geübt hatte, gehofft haben.

Ich selbst hatte vor dem Kurzvortrag keine allzu große Angst, weil ich wusste, dass mir das an sich nichts ausmachte. Auch in der Vergangenheit hatte ich schon kleinere Reden vor Publikum gehalten. Sei es in der Firma vor meinen Kollegen und Vorgesetzten, oder auf dem Diplomatenball, als ich mit einer Kommilitonin die Rede der Studenten halten durfte.

Lysann wählte ab Anfang Februar Abend für Abend drei Kurzvorträge aus den Büchern über die mündliche Prüfung oder aus dem Vorschlagskatalog meines Anbieters heraus, aus denen ich mir einen aussuchen und ihr später vortragen musste. Und wenn sie mal keine Lust zum Zuhören hatte, erzählte ich mir den Vortrag eben selbst.

Waren die ersten Vorträge meistens noch ein wenig qualvoll, merkte man mit steigender Anzahl gehaltener Vorträge relativ rasch, dass man zu den meisten Themen wirklich immer etwas sagen konnte, was man später auch in den Lösungsvorschlägen in den Büchern fand. Nach der umfangreichen Vorbereitung auf das schriftliche Examen hatte man sich doch so einen Wissensspeck zugelegt, dass man meistens richtig lag. Und wenn tatsächlich ein Kurzvortrag dabei war, zu dem mir überhaupt nichts einfiel, arbeitete ich dieses Thema anhand der Fachbücher über Kurzvorträge nach oder schrieb mir aus den Skripten zur Vorbereitung auf das schriftliche Examen selbst ein paar Stichworte auf, die ich im Notfall hätte aufzählen können. Eine Situation im Examen, in der ich auf einen Kurzvortrag stieße, den ich zu Hause aus Unlust nicht gelöst hatte, wollte ich auf jeden Fall vermeiden. Ich wollte mir später nicht vorwerfen lassen, etwas unversucht gelassen zu haben.

Bei der Wahl der Kurzvorträge achtete ich auch darauf, mich nicht zu einseitig vorzubereiten. Ich bereitete daher beispielsweise auch verfahrensrechtliche Themen auf, obwohl mir das ertragsteuerliche Thema eventuell lieber gewesen wäre. Oder ich biss auch einmal in den sauren Apfel und versuchte mich an einem Thema, das mir gar nichts sagte.

Außersteuerliche Themen behandelte ich jedoch eher mit einer gewissen Portion Skepsis. So konnte ich als Betriebswirtschaftler zwar zu den wirtschaftswissenschaftlichen Themen meistens etwas sagen, wollte in der Prüfungssituation aber unter keinen Umständen auf dem falschen Fuß erwischt werden. Hier störte mich immer der Gedanke, dass die Anforderungen an einen Wirtschaftswissenschaftler sicherlich höher gewesen wären als an die anderen Prüfungsteilnehmer.

Juristische Themen rührte ich grundsätzlich überhaupt nicht an.

Einer Prüfungskommission mein Halbwissen zu präsentieren und später von dieser auseinandergenommen zu werden, war kein schöner Gedanke. Aufgrund dessen wollte ich immer versuchen, ein steuerliches Thema zu wählen.

Im Laufe der Vorbereitung wurde mir auch bewusst, dass ich mich bei den Vorträgen niemals in Details und Kleinigkeiten verlieren sollte, sondern zunächst immer einen Blick aus der klassischen Adlerperspektive auf das Thema werfen musste. Nach Auswendiglernen und Wiederholen des Einleitungssatzes bei wirklich jedem gehaltenen Vortrag

„Sehr geehrte Damen und Herren, sehr geehrter Herr Prüfungsvorsitzender, das Thema meines Kurzvortrages lautet ..."

war ein Rundumblick oder das Erläutern der grundsätzlichen Bedeutung einer abgefragten Vorschrift für mich in den meisten Fällen der passende Einstieg in den Kurzvortrag. Zum einen gab mir das immer eine gewisse Sicherheit und damit auch die nötige Ruhe, und zum anderen war damit eine Minute des Kurzvortrages schon vorüber, ohne dass ich wirklich angefangen hatte, über das Thema zu reden. Außerdem konnte ich Außenstehenden damit von Anfang an zeigen, dass ich das Thema inhaltlich einordnen konnte und mir der Bedeutung des Themas bewusst war.

Nach der inhaltlichen Einordnung ging es bei den meisten Themen anschließend darum, Dinge in ihrem Kern abzuhandeln und auf Schwierigkeiten hinzuweisen, oder gewisse Sachverhalte an Hand eines Beispieles zu verdeutlichen und zu erläutern. Je mehr ich dabei aber ins Detail ging, umso stärker wurde die Gefahr, dass ich mich verzettelte und Dinge sagte, die zeigten, dass ich doch nicht so sicher war, wie der erste Eindruck es eigentlich hatte vermuten lassen sollen. Also versuchte ich, die Sache so einfach wie möglich zu halten, ohne wirklich wichtige Details ungenannt zu lassen.

Um den Vortrag abzuschließen, versuchte ich immer, in einer abschließenden Zusammenfassung eine Kernaussage aus dem zuvor Vorgetragenen zu unterstreichen oder einen Ausblick zu geben. Mit einer persönlichen Meinung hielt ich mich zurück, weil man nie wissen konnte, was die Kommission über dieses Thema denkt und weil man sich bei allem Mut zu einem solchen Schritt eventuell alles andere als einen Gefallen tun könnte.

Wohl wissend, dass das mündliche Examen meinen Stärken eher gerecht wurde als das schriftliche Examen, hatte ich in der Vorbereitungsphase zwar immer eine gehörige Portion Respekt, Angst oder Panikzustände wie im Laufe der Vorbereitung auf das schriftliche Examen sollte ich jedoch nicht mehr bekommen. Zu stark war das Gefühl, dass ich diesen letzten Teil nun auch noch aus eigener Kraft schaffen sollte.

Ich nahm mir die letzte Woche vor meinem mündlichen Termin noch einmal Urlaub, um mich intensiv mit dem aktuellsten Fachwissen zu beschäftigen und um jeden Tag die Zeit zu finden, in die zwei größten Tageszeitungen einen längeren Blick werfen zu können. Zwei Wochen vor dem mündlichen Examen wurde ich allerdings zum ersten Mal in meinem Berufsleben von einem Virus heimgesucht: Gliederschmerzen, Fieber, Durchfall und Kreislaufschwäche sollten nun eine komplette Woche dafür sorgen, dass ich nur noch im begrenzten Bereich zwischen Couch, Bett und Toilette leben konnte. Aber auch die Tatsache, dass meine Lernfähigkeit dank dieses Virus komplett gegen Null ging, ich nicht mehr ins Büro gehen konnte und mein Körper innerhalb weniger Tage mehrere Kilogramm verlor, sollte mich nicht mehr nervös werden lassen.

Im Nachhinein denke ich oft, dass sich in diesen Tagen einfach nur meine Anspannung und der aufgestaute mentale Druck der letzten Monate lösten, und dieser Virus für das Durcheinander in meinem Körper einfach nur der letzte Auslöser war. Wie dem letztlich auch war, auch diesen letzen Stein sollte ich auf dem Wege der Vorbereitung noch aus dem Wege räumen. Anhaben konnte er mir nichts mehr.

Nachdem ich nach einer Woche wieder auf den Beinen war und die anschließende Woche zum Lernen zu Hause bleiben konnte, hatte ich genug für die mündliche Prüfung getan. Von mir aus konnte es losgehen.

Ich war bereit!

10. 3. 2008 - Tag der mündlichen Prüfung

Die mündliche Prüfung fand an einem Montagmorgen in der hessischen Landeshauptstadt Wiesbaden statt. Und weil mir die Gefahr eines Staus oder dergleichen dieses Mal einfach zu groß war, übernachtete ich von Sonntag auf Montag auch gleich in einem Hotel in unmittelbarer Nähe zum Prüfungsort. Seit dem dritten Prüfungstag im schriftlichen Examen wusste ich schließlich, dass auf deutschen Autobahnen alles möglich ist.

Trotz des Wissens um meine gute Vorbereitung und meiner Stärken in einer mündlichen Prüfung, wurde ich in den letzten Tagen sehr nervös. Der Samstag und der Sonntag sollten mir noch einmal zeigen, wie lange ein Wochenende sein kann, wenn man auf einen Montag wartet.

Im Hotel traf ich mich Sonntagabend mit Stefan, den ich aus den Vorbereitungskursen in Frankfurt kannte, und der für den gleichen Tag zur mündlichen Prüfung geladen wurde wie ich. Schon während des Vorbereitungskurses hatten wir diese Gemeinsamkeit festgestellt und uns zu dieser Übernachtungsaktion verabredet.

Zu meiner großen Erleichterung stellte ich gleich zu Beginn unseres Treffens fest, dass auch er kurz vor dieser Prüfung noch einmal sehr nervös war, und dass auch ihn die Vorbereitung einige Kilos gekostet hatte.

Nachdem wir uns ein paar Minuten im Zimmer von Stefan unterhalten hatten, besuchten wir erst einmal den Ort, an dem wir uns am nächsten Morgen den kritischen Fragen der Prüfungskommission stellen mussten. Das Tolle daran war, dass wir von unserem Hotel keine 200 Meter laufen mussten, bis wir am „Ort des Grauens“, wie wir ihn liebevoll tauften, angelangt waren. Diesen Namen hatte die Außenstelle des Finanzministeriums wahrlich nicht verdient, denn das Gebäude war zum einen kein furchteinflößender Bau und zum anderen waren wir trotz unserer Nervosität eigentlich siegessicher.

Aber hier erwartete uns morgen schließlich das letzte Gefecht.

Uns beiden war klar, dass es ganz so schlimm nicht werden konnte, denn aus den Erzählungen anderer Teilnehmer, die die mündliche Prüfung schon hinter sich hatten, war nicht darauf zu schließen, dass die Kommission noch etwas gegen die Bestehensquote tun wollte. Außerdem gingen wir nicht mit den schlechtesten Noten in die Prüfung: Ich hatte eine 4,16, Stefan sogar eine 4,0 vorzuweisen.

Im Anschluss an unsere Besichtigungstour gingen wir noch gemeinsam zu einem Italiener, um ein letztes Beruhigungsbier zu trinken. Und ich muss zugeben, dass es auf mich eine sehr beruhigende Wirkung hatte, mich mit einem Mitprüfling noch einmal in aller Ruhe aussprechen zu können. Neben privaten Dingen hatten wir natürlich auch noch einmal die eine oder andere fachliche Diskussion, aber wir stellten beide fest, dass jeder seine Stärken, aber auch seine Schwächen hatte. Man kann sich einfach nicht auf alles vorbereiten.

Im Hotelzimmer kam ich mir später einsam vor. Lysann war weit weg, und auch sonst hatte ich nichts um mich herum, dass mir etwas Wärme geben konnte oder mir vertraut war. In diesem Augenblick wurde mir eines noch einmal bewusst: In diesem Examen stirbt jeder für sich allein.

Ich bin mir sicher, dass die letzten Stunden dieses Sonntags am Tag vor der Prüfung alleine in diesem Hotelzimmer in einer fremden Stadt noch einmal zu den intensivsten Stunden während der gesamten Vorbereitung gehörten. Die damalige Situation habe ich noch heute vor Augen, und ich kann mich an diesen Moment erinnern, als ob er erst gestern gewesen wäre. Ich erinnere mich an das Bewusstsein über die Bedeutung der augenblicklichen Situation, da diese den Schlusspunkt einer langen und leidvollen Reise setzte. Völlig klar sah ich, dass sich mit dem morgigen Tag vieles in meinem Leben verändern würde und dass mir dieser auf immer im Gedächtnis bleiben würde. Wieder empfand ich diese Ruhe vor dem Sturm.

Um 6.15 Uhr klingelte mein Hoteltelefon und die nette Empfangsdame teilte mir mit, dass ich geweckt werden wollte. Fünf Minuten später klingelten auch noch mein Handy und mein Radiowecker. „Sicher ist sicher!“, hatte ich mir am Vorabend gesagt.

Im Gegensatz zu den letzten Tagen, an denen ich richtig nervös war, verspürte ich nun eine wahre Energieexplosion. Endlich war der alles entscheidende Moment gekommen: der Tag, der der ganzen Geschichte ein Ende bereiten sollte.

Ich war bereit! Und wie!

Stefan und ich frühstückten gemeinsam im Hotel und gingen dann noch einmal auf unsere Zimmer, um uns umzuziehen. Mit dem besten Anzug und der besten Krawatte, die jeder zu bieten hatte, ging es anschließend gemeinsam zur Außenstelle des hessischen Finanzministeriums in der Bahnhofstraße in Wiesbaden. Dort trafen wir dann auch auf die drei anderen Mitprüflinge und zu unserer Überraschung stellten wir fest, dass wir auf ein weiteres bekanntes Gesicht aus unserem Kurs stoßen sollten. Eine junge Frau, die während der Vorbereitung immer genau hinter mir gesessen hatte: Christina. Sie hatte mit einer 4,5 bestanden.

Weiterhin war eine Dame anwesend, die ihre mündliche Prüfung aus dem Vorjahr nachholte, weil sie ins Überdenkungsverfahren gegangen war. „Mutig, mutig!“, dachte ich mir im ersten Moment, aber wie man letzten Endes seine schriftliche Prüfung besteht, sollte auch der Kommission eigentlich egal sein. Wir redeten uns alle noch ein wenig Mut zu, und dann ging es auch schon los. Zuerst ging Christina ins Rennen, gefolgt von Stefan und von mir.

Das Highlight einer jeden mündlichen Prüfung ist bekanntlich gleich zu Beginn der Kurzvortrag, weil man zum einen nie weiß, welche drei Themen man zur Auswahl bekommt, und zum anderen, weil man immer nur 30 Minuten Zeit hat, um eben jenen Vortrag vorzubereiten.

Und weil jeder immer nur betet, dass er zumindest eines der drei Themen kennt, konnte ich mein Glück gar nicht fassen, als ich auf den Zettel mit den Themen schaute. Dort stand nicht nur ein Thema, was ich gut kannte, es standen gleich zwei Themen darauf, die ich ohne große Mühe bearbeiten konnte.

„Die mündliche Prüfung ist die Belohnung für das Schriftliche!", ging mir durch den Kopf, und ja, genau in diesem Moment fühlte ich mich für all die Qualen der letzten Monate belohnt. Das erste Thema, was da stand, war:

„Der Kleinunternehmer im Umsatzsteuerrecht."

Ein absoluter Klassiker, der in jedem Buch über Kurzvorträge zu finden war und den ich zu Hause einmal vorbereitet und gehalten hatte. Das zweite mir bekannte Thema aber war der absolute Glücksgriff:

„Unbeschränkte und beschränkte Steuerpflicht in der Körperschaftsteuer."

Ein Thema, das wir zum einen im Studium ausführlich behandelt hatten, und zum anderen ein Thema, mit dem ich mich im Rahmen meiner Diplomarbeit lange und intensiv auseinandersetzen musste. In diesem Moment war mir klar:

Das Ding ist gelaufen. Und zwar für mich!

Ich bastelte mir meinem Kurzvortrag mit einer Menge an Beispielen, die ich aus meinem Studium und der Diplomarbeit im Hinterkopf hatte und fand am Ende der 30 Minuten Vorbereitungszeit sogar noch Zeit, meinen Vortrag still für mich in Gedanken einmal durchzusprechen.

Als ich schließlich ins Prüfungszimmer hineingerufen wurde, stellte mich der Prüfungsvorsitzende den anderen Prüfern kurz vor und übergab mir anschließend das Wort.

„Sehr geehrte Damen und Herren, sehr geehrter Herr Prüfungsvorsitzender, das Thema meines Kurzvortrages lautet: Die unbeschränkte und beschränkte Steuerpflicht in der Körperschaftsteuer." Und es lief!

Ich war trotz meiner gespielten Souveränität innerlich äußerst angespannt und hatte sogar leicht weiche Knie. Aber nachdem ich den Einleitungssatz und meine Inhaltsangabe vorgestellt hatte, wurde ich ruhiger. Und ehe ich mich versah, war der Kurzvortrag auch schon gehalten, und die gefährlichste Situation im ganzen mündlichen Examen überstanden.

Als ich aus dem Raum treten durfte, fühlte ich die Steine, die mir gleich zentnerweise vom Herzen fielen. Ich war einfach nur froh über mein Glück! Ich war einfach nur froh darüber, dass dieses Kapitel in meinem Leben mit größter Wahrscheinlichkeit mit einem Happy-End enden würde. Sie erinnern sich an Phil aus Punxsutawney? Phil fand seinen Weg aus seinem Albtraum. Und ich bestehe das Examen!

Der Rest des Vormittages war schneller vorbei, als man glauben konnte. Die Fragerunden begannen und behandelten aktuelle Themen sowie leicht undurchsichtige Fälle aus dem deutschen Steuerrecht. Gleich in der ersten Fragerunde zur Abgabenordnung wurde ich allerdings auf dem völlig falschen Fuß erwischt, doch die Fragen endeten glücklicherweise bei meinem rechten Nebenmann. Ich saß ganz links außen und hatte demnach ein weiteres Mal richtig Glück an diesem Morgen.

In einer anderen Fragerunde sollte ich dafür der einzige sein, der eine Frage eines Prüfers beantworten konnte. Der Grundsatz, dass in der mündlichen Prüfung „auf Bestehen" geprüft wird, war auch in unserer Runde der Fall, obgleich nicht alle Prüfer wirklich nett und freundlich waren. Es war auch ein Professor dabei, bei dem wir nicht immer den Eindruck hatten, dass er uns wohlwollend gegenüber trat. Dafür waren sowohl der Prüfungsvorsitzende, als auch die meisten anderen Prüfer äußerst freundlich.

Während der Pause, zwischen zwei Fragerunden, erlaubte sich einer der Prüfer sogar die Bemerkung, dass es „bisher doch wirklich gut laufe". Damit stärkte er uns wahrlich den Rücken und machte uns Mut.

In der zweiten Fragerunde wurde ich erst einmal im Zivilrecht von einer Juristin auseinander genommen. Deren Fragen und Nachfragen hatte ich wenig zu bieten, sodass sich bei mir trotz des

Kurzvortrages und der ersten, insgesamt guten Fragerunde, urplötzlich Schweißperlen auf der Stirn bildeten, weil ich manchmal weder ein noch aus wusste. Irgendwann wurden die Fragen, die ich nicht mehr beantworten konnte, endlich an meinen Nebenmann weitergegeben, doch diese Situation machte mir schlagartig klar, dass man hier trotz seiner Vornote schneller draußen war, als man geglaubt hatte.

Ganz ehrlich: Wer der Meinung ist, das mündliche Examen sei ein Selbstläufer, ist ein Narr. Während des kompletten Vormittages achtete ich nun umso strenger auf meine Körperhaltung und die Signalwirkung meiner Körpersprache. Ich saß auf meinem Stuhl immer in einer angespannten und aufmerksamen Haltung, wenngleich mir das mitunter wirklich schwer fallen sollte. Ich lehnte mich nicht an, sondern verlagerte mein Gewicht immer auf den Tisch. Unter keinen Umständen wollte ich den Prüfern Fahrlässigkeit oder Überheblichkeit signalisieren. Meine Hände legte ich immer auf den Tisch oder faltete sie allenfalls mal ineinander. Den Weg in die Hosentasche fanden sie nicht.

Gegen Ende der Prüfung wurden wir in Grundsteuerfragen geprüft, die aber keiner von uns beantworten konnte. Allerdings gaben uns die Prüfer hier Hilfestellungen, sodass wir uns gemeinsam am Gesetzestext entlang arbeiteten. Und das war auch gut, denn ohne diese Hilfestellungen wären wir wohl nicht wirklich weitergekommen.

Zuletzt wurde noch einmal die Erbschaftsteuerreform durchgesprochen, wobei sich die Prüfer in dieser letzten Fragerunde fast nur noch auf Christina konzentrierten. Für mich persönlich wertete ich das als gutes Zeichen, ein Urteil über die anderen wollte ich mir an dieser Stelle nicht erlauben.

Und dann war das mündliche Examen auch schon vorüber.

Zumindest fast.

Wir sollten noch einmal alle in unserem Warteraum Platz nehmen und auf die Bekanntgabe über Bestehen oder Nichtbestehen warten. Zu diesem Zeitpunkt war ich mir sicher, dass wir alle bestanden haben, weil selbst Christina zwar nicht immer sicher, aber mit Hilfestellungen zu ihrem Ziel fand.

Umso mehr war ich dann erschrocken, als wir nicht alle gemeinsam, sondern Christina zunächst einmal alleine in das Prüferzimmer gerufen wurde. Wir schauten uns alle ein wenig ratlos und hilfesuchend an, wussten jedoch, dass dies kein gutes Zeichen war. Aus Erzählungen war uns klar, dass so etwas nur passiert, wenn nicht alle bestanden haben.

Was dann passierte, ging sehr schnell. Bereits wenige Minuten später, nachdem wir in einer gespenstigen Stille auf das warteten, was nun kam, öffnete sich die Tür, und Christina stand weinend vor uns und schüttelte traurig ihren Kopf. Worte bedarf es in diesem Augenblick keiner.

„Das darf nicht wahr sein!“, dachte ich mir und versuchte krampfhaft, ein paar tröstende Worte zu finden. Aber in einem solchen Moment, wenn jemand nach einer langen und schmerzlichen Reise so knapp auf der Zielgeraden scheitert, was will man da sagen? Und wenn man selbst genau in diesem Augenblick kurz vor seinem größten beruflichen Triumph steht, fällt es unglaublich schwer, auf die Schnelle ein paar warme Worte zu finden. Im Nachhinein dachte ich mir, dass jeder Satz einfach nur wie Hohn klingen musste.

Nachdem ich schließlich zumindest ein schwaches „Tut mir Leid...“ über die Lippen brachte, und ihr Trost andeutend zumindest kurz über den Rücken fuhr, war ich danach einfach nur froh, diesem Raum entfliehen zu können. So blieb auch an diesem Tag, an dem der Vorsitzende der Prüfungskommission mir mit einem kraftvollen Händedruck und den Worten „Herzlichen Glückwunsch, Herr Steinhoff, zu Ihrem bestandenen Examen!“, gratulierte, ein fader Beigeschmack, der zumindest für den kurzen Augenblick des offiziellen Endes unserer Prüfungsrunde anhielt. Und obgleich mir meine Gefühlswelt noch nicht sagen konnte, ob ich mich nun freuen oder mit Christina weinen sollte, war ich stolz.

Ich war stolz darauf, dass mir alle Personen aus der Prüfungskommission, auch die Juristin, mit einem Lächeln auf den Lippen gratulierten.

Ich war stolz darauf, dass ich am Ende der letzten Prüfungsrunde nicht mehr gefragt wurde und die Kommission mir allem Anschein nach zutraute, den Titel Steuerberater zu Recht tragen zu dürfen. Und in einem passenden Augenblick konnte ich mir auch einen Blick auf die Noten erschleichen, die uns in Hessen leider nicht mitgeteilt werden. Sie waren wirklich nicht schlecht!

Ich war stolz darauf, dieses Kapitel meines Lebens hinter mich gebracht zu haben und am Ende mit einem bestandenen Examen die Außenstelle des Ministeriums verlassen zu dürfen. Spätestens ab dem Moment, als wir durch das Treppenhaus die Straße erreichten und die Eingangstür hinter uns zuschlug, wurde mir klar: In diesem Augenblick schließt sich ein langes und leidvolles Kapitel in deinem Leben.

Hier gehst du, Stefan Steinhoff, und du hast es geschafft.
Willkommen in einer neuen Welt.
Herr Steuerberater!

27. 3. 2008 – Tag der Bestellung

Am Tag meiner offiziellen Bestellung durch die Steuerberaterkammer Hessen fuhr ich anschließend ins Büro, um meine neue Berufssituation als Steuerberater endlich auch offiziell starten zu dürfen.

Wieder einmal bewaffnet mit dem besten Anzug, den der Kleiderschrank hergab, genoss ich diesen Tag und all die Glückwünsche von den Kollegen und Kolleginnen in vollen Zügen. Und weil die Produktivität an solchen Tagen meistens doch ein wenig zu wünschen übrig lässt, machte es mir auch nichts aus, eine Einladung von Julian anzunehmen, der mir ein Teamduell im Tischfußball mit unserem Chef als meinen Mitspieler in Aussicht stellte.

Diese Duelle mit unserem Chef am Kickertisch sind begehrt. Zum einen, weil sie aufgrund seiner Zeitnot selten sind, zum anderen aber auch, weil er ein begnadeter Fußballer und Tischfußballspieler ist, der uns in aller Regel immer nur verlieren lässt. Den Spitznamen „Pele" hat er nicht von ungefähr.

Aber an diesem Tag verlor er.

Mit mir.

Zu null.

Und wer sich ein wenig mit den Gepflogenheiten dieses Spiels auskennt, weiß, was das bedeutet: Man muss unter dem Spielgerät hindurchkrabbeln, und zwar auf allen vieren. Auch wenn man einen Anzug trägt. Ohne es zu wollen revanchierte ich mich mit dieser gemeinsamen Niederlage für seinen Spruch, der mich doch sehr geprägt hatte.

Für meinen Chef war es heute das erste und einzige Mal, dass er so etwas tun musste. Auch er sollte diesen Tag also nie vergessen. Den Tag, an dem ich mir und dem Rest der Welt bewies, dass ich nicht nur Schwätzen kann.

Teil VI – Schlussbemerkungen

Was wirklich wichtig ist

Von meinem ersten ernsthaften Gedanken an das Steuerberaterexamen bis zum Tag der Bestellung im März 2008 vergingen ziemlich exakt zwei Jahre. Und die meiste Zeit davon empfand ich nicht als einfach, sondern oftmals auch als eine reine Qual. Was es für Sie werden wird, kann ich Ihnen nicht sagen. Aber ich kann Ihnen sagen, dass es auch Ihnen wahrscheinlich alles abverlangen wird.

Was eingangs bereits erwähnt wurde, möchte ich an dieser Stelle wiederholen: Allgemeingültige Regeln für ein Bestehen gibt es nicht. Zu unterschiedlich sind die Vorgeschichten und Beweggründe der einzelnen Kandidaten, die dieses Examen bestreiten.

Ähnlich meiner Vorbereitung dürfte es aber für die meisten Anwärter wichtig sein, dass sie sich grundsätzliche Gedanken darüber machen, wie sie ihren langen und mühsamen Weg durch dieses Examen derart gestalten können, dass sie letztendlich auch dafür belohnt werden. Vielleicht helfen Ihnen dabei die sieben nachstehenden Punkte, die ich im Nachhinein als wirklich entscheidend empfand.

1. Ganz oder gar nicht!

Dieses Examen besteht man nur, wenn man diesem Ziel alle anderen Lebensbereiche unterordnet. Lassen Sie sich keine Hintertür für einen Rückzieher oder einen Freischuss offen, denn nur dann sind Sie gewillt, auch wirklich alles zu geben. Richten Sie all Ihre Aufmerksamkeit auf dieses eine Ziel!

Lassen Sie sich am Ende Ihres Weges nicht vorwerfen, dass Sie das Examen unter einer größeren Anstrengung hätten bestehen können. Geben Sie lieber einmal 100 als zweimal 80 %!

2. Arbeiten Sie konsequent!

Bis zum Ende der mündlichen Prüfung haben sich bei mir 19 prall gefüllte Ordner mit über 5.000 Seiten Skript angesammelt. Das entspricht einem größeren Lernumfang als ich ihn während meines kompletten achtsemestrigen BWL-Studiums zu meistern hatte. Und dieser Skriptumfang beinhaltet nicht zusätzliche Fachliteratur in Form von Zeitschriften oder Büchern.

Diese Skriptflut müssen Sie nicht in vier Jahren, sondern in erheblich kürzerer Zeit bewältigen. Das erfordert eine enorme Konsequenz, wenn es darum geht, ständig weiterzuarbeiten. Lassen Sie sich von Durchhängern nicht unterkriegen. Bleiben Sie immer am Ball!

3. Der Wille entscheidet!

Das Wissen um ein konsequentes Arbeiten kann nur der gezielt einsetzen, der auch weiß, dass dies über einen langen Zeitraum vonnöten sein wird. Und um diesen Zeitraum zu überstehen, benötigt man vor allen Dingen einen langen Atem und den nötigen Biss. Es ist Ihr Wille, der Sie dieses Examen konsequent zu Ende bringen lässt oder nicht. Er entscheidet über Bestehen oder Nichtbestehen.

Diesen Willen kann man sich erarbeiten. Zwar ist es nicht einfach, dem deutschen Steuerrecht mit einer großen Leidenschaft zu begegnen, aber die Aussichten, die dieser Beruf zu bieten hat, erleichtern die Motivations- und Leidenschaftsfindung ungemein. Machen Sie sich von Anfang an bewusst, dass Sie sich auf einem langen und mühsamen Weg befinden, der nur wenige Höhepunkte zu bieten hat. Sie müssen sich von Anfang an selbst motivieren und Härte gegen sich selbst entwickeln. Setzen Sie sich das Bestehen von Anfang an zum Ziel und lassen den Weg dorthin zu einer Willensfrage werden!

4. Schreiben Sie möglichst viele Probeklausuren!

Viel Vorwissen bedeutet nicht, dass Sie das Examen automatisch bestehen. Es geht darum, Fachwissen examensgerecht zu Papier zu bringen. Und das schaffen Sie nur mit der richtigen Klausurentechnik.

Die Grundtendenz für Ihre Noten im schriftlichen Examen finden Sie bereits in den Probeklausuren. Verzichten Sie nicht auf das

Schreiben dieser Klausuren, wenn Sie glauben, dass nötige Wissen hierzu noch nicht zu haben.

Lernen Sie, eine Klausur systematisch zu lösen und Fußgängerpunkte mitzunehmen. Das Schreiben der einfachen Sachverhalte muss zu einem Automatismus werden, weil Sie im Examen keine Zeit haben werden, banale Dinge nachzulesen!

5. Verfolgen Sie einen Plan!

Sie müssen sich zwar nicht gleich um die Zusammensetzung Ihres häuslichen Mineralwassers Gedanken machen, so wie ich es getan habe, aber auch Sie benötigen einen Plan, den Sie verfolgen können. Dieses Vorhaben ist zu groß, um es ohne ein gesundes Konzept anzugehen!

Setzen Sie sich realistische Teilziele und planen Sie Sport- und Auszeiten mit ein, denn Sie werden diese brauchen. Und achten Sie auch auf eine gesunde und zielführende Ernährung, denn mit vollem Magen lernt es sich nicht gut.

6. Bewahren Sie Ruhe!

Lassen Sie sich nicht aus Ihrem Konzept bringen. Rückschläge und schlechte Noten in Probeklausuren gehören einfach dazu. Entscheidend ist, dass Sie im Oktober fit sind!

Innere Unruhe ist ein glühender Antrieb, aber sie darf nicht in Panik ausarten. Mit der richtigen Vorbereitung und dem richtigen Konzept werden Sie dieses Examen bestehen.

7. Glauben Sie an sich selbst!

In Ihrer kompletten Vorbereitung gibt es faktisch nur eine Person, die Sie wirklich beeinflussen kann: Sie selbst! Nur Sie wissen, was wirklich gut für Sie ist und was nicht. Glauben Sie an sich und gehen Sie Ihren Weg. Niemand würde sich zu diesem Examen anmelden, wenn er nicht fest daran glauben würde, es auch bestehen zu können.

Reden Sie mit Personen, die es bereits hinter sich haben, egal ob sie es geschafft haben oder nicht, und ziehen Sie schließlich aus deren Aussagen Konsequenzen für sich selbst. Seien Sie offen für Ratschläge derer, die diesen Weg bereits gegangen sind. Glauben Sie fest daran, bald zu denen zu gehören, die es geschafft haben, dann werden Sie es auch tun!

Wie auch immer Sie das Steuerberaterexamen angehen und hoffentlich meistern werden: Ich drücke Ihnen beide Daumen und wünsche Ihnen viel Glück!

Was wurde aus den Protagonisten?

Eddie:

Mein Freund Eddie hat das Examen dann doch noch bestanden: im zweiten Anlauf gleich im Jahr darauf und dann ebenfalls mit einer 4,16. Dieser zweite Anlauf hatte übrigens zur Folge, dass er nicht auf meine Hochzeit kam, weil er nichts dem Zufall überlassen wollte. Wer will es ihm auch verdenken?

Auf einer Heimfahrt eines gemeinsam besuchten Bundesligaspiels teilte er mir einmal mit, dass er sich mittlerweile sicher sei, dass er es auch im ersten Anlauf hätte schaffen können. Und ich war es auch!

Nun hofft er als Syndikus auf einen guten Berufstart. Dieser wird ihm gelingen, da bin ich mir sicher. Nur darauf, dass der HSV mal wieder deutscher Meister wird, hofft er allein.

Hans-Peter:

Der ehemalige Betriebsprüfer ist mittlerweile auf der Gegenseite angekommen und Mitinhaber einer Steuerberaterkanzlei. Einmal berichtete er mir auch von seinen Schwierigkeiten mit der Finanzverwaltung.

Als FC-Bayern-Fan ist er zumindest unter dem sportlichen Aspekt am erfolgreichsten, weil er am regelmäßigsten Meisterschaften und DFB-Pokale mit seinem Klub feiern kann. Hans-Peter, ich gönne es Dir!

Robert:

Robert machte sich im Anschluss an seine Bestellung selbständig und arbeitet mittlerweile rund um die Uhr. Sollten wir noch einmal durch ein gemeinsames Examen gehen, wünsche ich mir, dass ich dieses Mal die Noten einige Stunden vor dir haben werde. Für deine Kanzlei wünsche ich dir viel Glück!

Uli:

Zu meiner eigenen Hochzeit war er anwesend, auch wenn ich seine ausfallen lassen musste. Diese Erfahrung hat uns reicher werden lassen, denn es läuft im Leben nun mal nicht immer so, wie man sich das wünscht. Und Freunde sind wir noch immer! Ich hoffe, ich sehe dich bald wieder!

Julian:

Von seinem Wissen und seiner Erfahrung habe ich im Laufe der Examensvorbereitung am meisten profitiert, da er ein Jahr vor mir das Examen gemacht hat. Er konnte immer sehr gut einschätzen, wie es um mich steht. Und auch heute noch steht er mir Rede und Antwort, wenn es um fachliche Probleme geht, denn Arbeitskollegen sind wir noch immer.

Simon:

Mein Mentor und Steuerpapst! Auch heute noch kümmert er sich fürsorglich um seine Mitarbeiter und ist ständig an deren Problemen interessiert. Als Vater der Nation bist du einfach nicht zu ersetzen!

Chef:

Trotz Krabbeln unter dem Kickertisch hat er mir oftmals zu verstehen gegeben, dass ihn mein Bestehen sehr positiv überrascht hat. Und das meinte er diesmal wirklich als Kompliment.

Lysann:

Meine Frau ist mittlerweile glücklich verheiratet. Nachdem ihr damaliger Freund und jetziger Mann jahrelang keine Zeit wegen seines Examens hatte, hat er jetzt keine Zeit mehr, weil er ein Buch über das Examen schreibt und Mitinhaber einer Beratungsgesellschaft ist. Was wohl als nächstes kommt? Wir warten es einfach mal ab. Sicher ist nur eins: Ich liebe dich!

Literaturverzeichnis

Messner, Reinhold, Everest Solo – Der gläserne Horizont; 3. Auflage, Frankfurt am Main, Fischer Taschenbuch Verlag; 2003

Leonard, George, Der längere Atem – Die fünf Prinzipien für langfristigen Erfolg im Leben; Erweiterte und überarbeitete Neuausgabe 1998, alle deutschsprachigen Rechte beim Scherz Verlag, Bern, München, Wien, für den Integral Verlag

Tipke, Klaus, Die Steuerrechtsordnung, Köln, Verlag Dr. Otto Schmidt, 1993

Danksagung

Viele, aber nicht alle Namen der in diesem Buch vorkommenden Personen sind geändert. Eine Person bestand sogar darauf, namentlich erwähnt zu werden, und diesen Gefallen will ich ihm auch gerne tun: Eddie. Er war derjenige, der mir viele praktische und wertvolle Hinweise gab. Und das vor allen Dingen, weil er zu den vielen Menschen gehört, die dieses Examen nicht im ersten Anlauf bestanden haben. Eddie, dir gebührt ein besonderer Dank.

Auch meiner heutigen Frau Lysann möchte ich einen besonderen Dank dafür aussprechen, dass sie das alles mitertragen hat. Dass ich bestanden habe, ist auch dein Verdienst.

Allen anderen Menschen, die mich während meines Examens begleitet oder mir Hilfestellungen beim Schreiben dieses Buches gegeben haben, möchte ich von ganzem Herzen danken.